KB199526

고난이 꽃이 되고 별이 되게 하소서

고난 속에 아로새긴 하나님의 진심

고난이
꽃이 되고 별이 되게
하소서

한
재
욱

규장

흘린 눈물마다 꽃이 피고
견딘 밤마다 별이 뜨게 하소서

태초에 고난이 있었습니다.
지금도 고난이 있고,
주님이 부르실 그날까지 있을 것입니다.

왜 고난이 있는 것일까.
그것도 착하고 고운 사람에게.

이 질문은 너무 크고 깊습니다.
그리하여
고난에 관한 글을 쉽게 쓰면 죄라고 생각합니다.
더군다나 인기를 끌려고 쓰면 더 큰 죄라 생각합니다.
나만큼은 고난을 잘 해석할 수 있다고
교만한 마음으로 쓰면 더 큰 죄라고 생각합니다.

고난에 대한 책을 펼치는 이들,
그 손끝에 스민 눈물,
숨죽여 넘기는 페이지의 떨림을 이해하려는
마음이 없이 쓰면 더욱 큰 죄라고 생각합니다.

그러므로 이 글은
고난에 대한 설명이 아니라 기도입니다.
누군가의 눈물 위에 내 말이 올라탈까 조심스러워,
누군가의 상처에 내 문장이 소금이 될까 고개 숙이며,
누군가에게 오늘도 숨을 막히게 하는 그 고난을
내 짧은 언어로 가볍게 다룰까 두려워,
한 줄을 쓰고는 수십 번 지웁니다.

고난은 기도의 골방에서
흘러내린 눈물의 또 다른 이름입니다.
그러기에 고난을 말로 옮기려는 순간,
말은 그것을 닮지 못하고 그림자만 흉내 냅니다.
한 줌 말로 꿰맬 수 없는 아픈 상처의 숭고함 앞에
말조차 아껴야 함을 압니다.

그럼에도 제가 이렇게 한 줄을 적는 이유는,
누군가의 고난의 밤을 어루만질
한 줌의 온기가 되기를 바라는 마음 때문입니다.

오늘도 묻습니다.
왜 사랑과 능력의 하나님이
아픈 고난을 허락하실까?
신학에서 가장 깊은 눈물이 고이는 자리,
그 무게를 가장 감당하기 어려운 질문
– 신정론(神正論, Theodicy).

"하나님이 전능하고 선하시다면
왜 세상에 고통과 악이 존재하는가?"
구원론의 구원은 믿음으로,
종말론의 종말은 기다림으로 감당할 수 있지만,
깊은 고난 앞에서 하나님의 섭리와 사랑을 이해하는 일은
늘 어려운 신비로 남아 있습니다.

고난에 대한 질문은
대답하기보다 함께 아파야 하는 자리입니다.

고난을 이해해보려는 마음으로
끝없이 신정론을 붙들었습니다.
토마스 아퀴나스, 마르틴 루터, 본회퍼,
몰트만, 칼 바르트, 화이트 헤드, 폴 틸리히,
플렝팅가, 판넨베르크, 존 힉….
그러나 어느 누구도 완전한 답을 주지 못했습니다.

왜냐하면 고난은 신비이기 때문입니다.
이성과 논리와 언어로 잡을 수 없는
그 너머의 영역이기 때문입니다.

저는 다만
하나님이 열어주신 만큼만 나아가려고 합니다.
고난의 이야기가 10할이라면
이 책에서는 1할만 감히 이야기합니다.

베드로전서 2장은 고난의 세 얼굴을 보여줍니다.
'부당하게 받는 고난',
'죄로 인한 고난',
'선을 행함으로 받는 고난'이 그것입니다.
그리고 '훈련으로서의 고난'과
'고난의 유익'을
더불어 말하고자 합니다.
이것만큼은 확실히 말할 수 있습니다.

이해할 수 없는 고난의 순간에도,
하나님은 여전히 우리를 사랑하고 계십니다.
그리고 우리가 눈물로 주저앉은 그 자리에,
그분도 함께 앉아 같이 눈물을 흘리십니다.

주여,
고난받는 당신의 자녀들을 위로하시고
다시 일어설 힘을 주시옵소서.
흘린 눈물마다 꽃이 피고,
견딘 밤마다 별이 뜨게 하소서.
고난이 꽃이 되고 별이 되게 하소서.

한재욱

차례

프롤로그

1장 014

부당하고 이해할 수 없는 고난

2장 074

죄로 인한 고난

3장 108

선을 행함으로 받는 고난

4장 152

훈련을 위한 고난

5장 190

고난이 유익한 이유

1장

부당하고 이해할 수 없는 고난

부당하게 고난을 받아도

하나님을 생각함으로 슬픔을 참으면

이는 아름다우나

벧전 2:19

부당한 고난!

말 못 하는 소녀의 눈빛

언어장애로 말을 못 하는 소녀의 눈빛을 본 적이 있다.
뜨거운 눈빛? 강렬한 눈빛? 진심 어린 눈빛? 진지한 눈빛?
그 눈빛을 표현할 길이 없다. '혼이 담긴 눈빛'이라고 해야 겨우 50점은 될까.

멀쩡하던 사람이 말을 멈출 때가 있다. 말을 못 한다. 겨우겨우 신음 소리를 내며 논리도 내용도 없는 기도를 하나님께 드릴 때가 있다. 말은 막히고 그저 그 소녀의 눈빛같이 뜨겁게 뜨겁게, 보이지 않는 하나님을 바라볼 때가 있다. 부당하고 이해할 수 없는 깊은 고난을 당했을 때다.

인과관계(因果關係)가 뚜렷한 고난은 그 고난이 아무리 힘들더라도 견디기 쉽다. 그 고난의 이유를 이해할 수 있기 때문이다.

이해를 돕기 위하여 극단적인 예를 들어보자.

목사님이 어느 성도님에게 주일예배를 잘 드리라고 몇 번을 강조했는데도 이 성도님은 몇 달째 주일날마다 놀러 갔다. 어느 주일날도 신나게 놀다가 다리가 부러졌다.

이 고난은 해석하기가 너무 쉽다. 자신도 주위 사람들도 목사님도 고개를 끄덕인다. 이런 고난은 해결책도 너무 쉽다. 내가 '저지른 악'은 회개하고 돌이키면 된다.

그러나 '당한 악'은 해석도 어렵고 극복도 어렵다.

정말 어렵다.

분명 부당하고 이해할 수 없는 고난이 있다

분명, 이해할 수 없는 고난이 있다. 아니, 참 많다. 제일 힘든 것이 바로 이 고난이다. 원인을 모르는 고난, 잘했는데도 받는 고난이다. 하나님은 베드로전서를 통해 세 가지 고난을 말씀하신다.

부당하게 고난을 받아도
하나님을 생각함으로 슬픔을 참으면 이는 아름다우나
죄가 있어 매를 맞고 참으면 무슨 칭찬이 있으리요
그러나 **선을 행함으로 고난을 받고** 참으면
이는 하나님 앞에 아름다우니라
이를 위하여 너희가 부르심을 받았으니
그리스도도 너희를 위하여 고난을 받으사
너희에게 본을 끼쳐
그 자취를 따라오게 하려 하셨느니라

벧전 2:19-21

부당하게 고난을 받아도…
죄가 있어 매를 맞고…
선을 행함으로 고난을 받고…

'부당한 고난', '죄로 인한 고난', '하나님의 길을 택했기에 당하는 고난'이 있다. 이 중에서 먼저 '부당한 고난'을 자세히 살펴보자.

부당하게(애매히, 개역한글) 고난을 받아도
하나님을 생각함으로 슬픔을 참으면
이는 아름다우나

벧전 2:19

"부당하게"를 개역한글 성경에서는 '애매히'로 번역했다. 헬라어 원어로 '아디코스'다. 부정 불변사 '아'와 공의라는 의미의 '디케'가 합쳐진 단어다. 문자 그대로 번역하면 '공의가 상실된', '불공정하게', '부당하게'라는 의미다.

분명 부당한 고난, 해석할 수 없는 고난이 있다. 내 잘못이 아닌데도 받는, 아니, 나는 나 나름대로 최선을 다하고 잘한 것 같은데도 받는 고난이 있다.

우리는 하나님을 '천지를 창조하신 전지전능하신 하나님' 그리고 '우리를 사랑하시되 자신의 생명을 십자가에 못박으시리만큼 사랑하시는 하나님'으로 믿고 고백한다.

그런데 하나님이 전능하시다면 어떻게 이런 일이 있을

수 있는가? 하나님이 정말 나를 사랑하신다면 이런 일이 왜 일어나는가?

참으로 이해할 수 없는 일들이 일어나곤 한다. 마치 하나님이 안 계신 것처럼, 계신다고 해도 무능하신 것처럼, 전능하시다고 해도 우리를 사랑하지 않고 우리에게는 아무 관심도 애정도 없으신 것처럼 보이는 일들이 일어난다.

"내가 고통받을 때 하나님은 어디에 계셨습니까?"라는 질문은 거의 모든 성도가 일생에 몇 번을 던지는 질문이다. 테레사 수녀 같은 이도 신앙의 어두운 터널을 지나면서 이 질문을 수도 없이 던졌다고 했다.

우리는 "하나님 한 번도 나를 실망시킨 적 없으시고"라고 찬양하지만, 부당한 고난 앞에서 수없이 실망하고 낙심한다.

"바늘 끝 위에서는 몇 명의 천사가 춤을 출 수 있을까?"

"아담과 하와에게는 배꼽이 있었을까?"

이런 질문들도 나름대로(?) 의미가 있는 신학적 질문일 것이다.

그런데 이런 질문이 있다.

"왜 착한 사람에게 나쁜 일이 일어나는가?"

어른들이야 지은 죄가 많기 때문이라고 하더라도, 순진

무구한 어린아이들이 왜 질병으로, 전염병으로, 사고로, 전쟁과 가난으로 죽어가야 하는가?

이런 질문 앞에서 저런 바늘 질문, 배꼽 질문 같은 것은 그저 장난 같게만 느껴진다. 우리는 평소에 필요 없는 질문도 많이 한다. 그러나 진짜 깊고 본질적인 질문은, 아니, 뼈를 깎는 질문은 부당한 고난을 당했을 때 하게 된다.

사랑하는 성도님들이 당하고 겪었던 부당한 고난을 차마 말할 수 없다. 그분들이 글을 읽고 다시 그 상처를 떠올리고 아파할 것을 생각하면 어찌 말할 수 있을까. 대신에 깊은 고난을 당했던 두 사람에게 감정 이입을 하여 고난의 심연으로 들어가보려 한다.

깊은 고난을 당하면 누구든 무너질 수 있다

20세기 가장 위대한 변증신학자 중의 한 사람인 C. S. 루이스는 고난의 고통에 관해 두 권의 책을 썼다. 한 권은 고통을 객관적인 어조로, 이론적으로 다룬 《고통의 문제》(The Problem of Pain)이고, 다른 한 권은 자신이 겪은 슬픔을 관찰한 《헤아려 본 슬픔》(A Grief Observed)이다.

《고통의 문제》가 3인칭 시점으로, 마치 제3자의 입장에서 그가 당하는 고통처럼 서술한다면 《헤아려 본 슬픔》에서는 자신이 당한 고통의 체험을 1인칭 시점으로 이야기하고 있다.

루이스는 자신의 사적인 마음과 감정에 관해 이야기하는 것을 몹시 불편해한 것으로 유명하다. 그의 또 다른 저술 《예기치 못한 기쁨》(Surprised by Joy)의 도입에서 지극히 주관적인 접근방식을 택한 몇몇 부분에 대해 독자들에게 사과했을 정도였다. 그러나 《헤아려 본 슬픔》은 루이스의 다른 어떤 작품에서도 볼 수 없었던 강렬한 감정과 요동치는 격렬함을 보여준다.

더 자세히 보자.

《고통의 문제》는 마치 고통이 저만치 있는 것처럼 거리를 두고 고통에 관해서 말하였다. 그는 책의 머리말에서 고통이 야기하는 지적인 문제를 해결하기 위해서 이 책을 썼다고 밝혔다. 고난과 고통의 문제에 대해 지적인 해석을 위함이었다는 것이다.

《고통의 문제》에서 가장 유명한 구절이 이것이다.

"고통은 귀먹은 세상을 불러 깨우는 하나님의 메가폰입니다."

그러나 《헤아려 본 슬픔》에서는 다르다. 말년에 뒤늦게 만나 결혼하게 된 아내가 죽은 직후 이 책을 쓴다. 이 책은 루이스가 자기 검열이나 제한 없이 아무 필터 없이 느낀 대로 적어 나간 기록이다.

그는 평생 독신으로 살다가 조이 그래샴을 만나서 결혼한다. 결혼하기 전, 조이는 악성 골수암을 앓고 있는 상태였지만 그것을 알고도 루이스는 결혼했고 행복했다.

그는 4년 동안 아내가 투병하며 고통스럽게 죽어가는 모습을 바라본다. 하나님의 사랑과 능력을 굳게 믿었던 루이스는 아내를 치료해달라고 간절하게 기도하지만 자신으로서는 손을 써볼 수도 없는 고통 속에 아내가 죽어가는 모습을 속수무책으로 지켜보아야 했다.

조이는 결국 45세에 세상을 떠난다. 루이스는 그렇게 아내를 보내고 난 후 《헤아려 본 슬픔》을 저술한다. 마치 제3자가 저술한 것처럼 자신을 숨기려 하였다. 이 책에서 그는 마치 《고통의 문제》에서 했던 자신의 말을 잊고 뒤집는 것처럼 이렇게 말한다.

"하나님은 어디 계시는가? (중략) 다른 모든 도움이 헛되고 절박하여 하나님께 다가가면 무엇을 얻는가? 면전에서 쾅

하고 닫히는 문, 안에서 빗장을 지르고 또 지르는 소리. 그러고 나서는 침묵. 돌아서는 게 낫다. 오래 기다릴수록 침묵만 뼈저리게 느낄 뿐, 창문에는 불빛 한 점 없다. 빈집일지도 모른다. 누가 살고 있기나 했던가? (중략) 왜 그분은 우리가 번성할 때는 사령관처럼 군림하시다가 환난의 때에는 이토록 도움 주시는 데 인색한 것인가?" [1]

깊은 고난을 당한 루이스에게 하나님은, 고난당하는 많은 성도가 공통적으로 말하는 것처럼, 마치 문을 걸어 잠그고 외면하시는 것처럼 보였다. 그는 두드려도 두드려도 문을 걸어 잠그고 침묵하시는 하나님을 느낀 것이다.

하나님을 가리켜 우리가 번성할 때는 사령관처럼 군림하시다가 환난의 때에서는 도움에 인색하다고 불경스러운 말을 서슴지 않는다. 심지어는 하나님이 광대마냥 한순간에 우리 밥그릇을 채어가신다고까지 하였다.

쾅 하고 닫힌 문 앞에 서니 거성(巨星) 루이스일지라도 말할 수 없는 고통에 빠진 것이다. 주님의 대답은 없고 잠긴 문, 철의 장막 앞에 서 있는 듯했던 그는 '구하면 얻으리라'

---

1) C.S. 루이스, 《헤아려 본 슬픔》, 강유나 역(홍성사, 2016), p.22.

가 아니라 '구하여도 얻지 못하리라'라고 느꼈다.

　　닫힌 문, 숨겨진 하나님!

　　좀 더 들어보자.

　　"내게 종교적 진리에 대해 말해주면 기쁘게 경청하겠다. 종
　　교적 의미에 대해 말해주면 순종하여 듣겠다. 그러나 종교
　　적 위안에 대해서는 말하지 말라. '당신은 모른다'고 나는
　　의심할 것이다." [2]

　　고난당한 우리처럼 루이스는 몸도 나락으로 떨어졌다.
그는 사람 만나는 것이 괴로웠지만, 역설적으로 사람이 곁
에 있으면 좋겠다고 생각했다. 자기들끼리만 이야기하고
자신은 가만 내버려둔 채로.

　　그는 스스로 이렇게 위로를 해보았다.

　　"아내를 만나기 전에도 행복했고, 아내를 잃고 난 지금
도 나에게는 헤쳐나갈 수 있는 여러 자원이 있지 않은가?"

　　잠시는 그럴듯해 보였으나 소용없었다.

---

2) C.S. 루이스, 같은 책, p.46.

"사랑이 인생의 전부는 아니야. H를 만나기 전에도 행복했지 않나. 내게는 소위 풍부한 '자원(資源)'이 있지 않은가. (중략) 무안해하면서도 이런 목소리에 귀를 기울이고, 잠시 동안은 제법 그럴듯하다고 생각하기도 한다. 그러다 갑자기 뜨겁고 얼얼한 기억이 덮쳐 오면 이 모든 '상식' 따위는 화로(火爐)에 던져진 개미처럼 가뭇없어지고 만다." [3]

한 말씀만 하소서!

깊은 고난을 당해 쓰러져 갔던 C. S. 루이스를 보았다. 또 한 사람을 만나보자. 소설가 박완서 님이다. 그는 깊은 고난을 받은 정도가 아니라 깊고 깊은, 그리고 이해할 수 없는 부당한 고난을 당하게 된다.

남편을 잃은 여인은 미망인, 아내를 잃은 남자는 홀아비, 부모를 잃은 자식은 고아라고 한다. 그러나 자식을 잃은 부모를 칭하는 단어는 없다. 억장이 무너지는 그 심정을 말로 담을 수 없기 때문이다. 그냥 '참척'(慘慽)을 당했다고 한다. 참척은 '자손이 부모나 조부모보다 먼저 죽는 일'을 뜻한다.

---

3) C.S. 루이스, 같은 책, p.20.
   루이스의 아내 조이 그래샴의 본명은 헬렌 조이 데이비드먼이다. 루이스는 조이의 실명을 직접 언급하지 않기 위해 그녀에 대해 'H'라는 이니셜을 사용한 것으로 보인다.

소설가 박완서는 그녀의 나이 58세이던 1988년에 남편을 폐암으로 잃었다. 그리고 석 달 후 마취과 레지던트였던 26세의 아들을 교통사고로 잃는 끔찍한 경험을 한다. 이 죽을 것 같은 고통 속에 느꼈던 분노, 절망감을 안고 하나님에 대한 항의로 《한 말씀만 하소서》를 저술한다.

그리고 이 책에 대해 '소설도 수필도 아닌 일기'라고 밝히며 "훗날 활자가 될 것을 염두에 두거나 누가 읽게 될지도 모른다는 염려 같은 것을 할 만한 처지가 아닌 극한 상황에서 통곡 대신 쓴 것"이라고 말하고 있다.

그녀는 "한 말씀만 해달라"라며 절규했다. '한 말씀'은 마태복음 8장 백부장의 이야기에 나온다.

백부장이 대답하여 이르되
주여 내 집에 들어오심을 나는 감당하지 못하겠사오니
다만 말씀으로만 하옵소서
그러면 내 하인이 낫겠사옵나이다

마 8:8

백부장은 주님이 집에 오시는 것을 감당하지 못하겠다면서 한 말씀만 해주시면 하인이 나을 것이라고 고백했다.

마찬가지로 박완서 님은 주님께 이런 절규를 한 것 같다.

"주님이 한 말씀만 해주셨으면 내 아들이 죽지 않았을 겁니다."

"지금이라도 무슨 영문인지 한 말씀만 해주십시오."

그 어떤 것도 위로가 되지 않고, 주변 사람들의 말에도 쉽게 상처받으며 하나님으로부터 답을 얻으려고 발버둥을 친다. 이 발버둥이 이 책의 제목이다.

'한 말씀만 하소서!'

"주님, 당신은 과연 계신지, 계시다면 내 아들은 왜 죽어야 했는지, 내가 이렇게까지 고통받아야 하는 건 도대체 무슨 영문인지, 더도 말고 덜도 말고 한 말씀만 해보라고 애걸하리라. 애걸해서 안 되면 따지고 덤비고 쥐어뜯고 사생결단을 하리라. 나는 방바닥으로 무너져 내렸고 몸부림을 쳤다. 방안을 헤매며 데굴데굴 굴렀다." [4]

아들이 죽고 그녀는 부산에 사는 딸의 집에 가게 된다. 그러나 밥 한 숟갈도 넘기지 못하고 변비에 시달리고, 잠도 자지 못해 수면제에 의지한다.

---

4) 박완서, 《한 말씀만 하소서》, (세계사, 2024), p.104.

하나님에 대한 부정과 회의, 포악, 저주로 가득한 글을 내뱉으며, 아들을 데려간 하나님께 절규하며 대답을 요구한다. 왜 내 아들이어야 하느냐고 끊임없이 묻는다. 왜 하나님의 형상대로 지음을 받은 인간을 가지고 마구 장난을 치냐며 항의한다.

더 들어보자.

십자가에 못 박히신 예수님은 "엘리 엘리 라마 사박다니"라고 외치셨다. "나의 하나님 나의 하나님 어찌하여 나를 버리시나이까?"라는 고통스러운 외침이다. 그런데 그녀는 이 구절을 이렇게 해석했다. "하나님, 하나님 결국 당신은 안 계셨군요!"라고.

그녀는 어느 날 이런 기도도 드린다.

"하나님, 내 가족 중 다른 사람은 더 이상 건드리지 마세요."

나의 동료 목사님도 자신의 양으로부터 똑같은 소리를 들었다고 한다.

"하나님, 더 이상은 건드리지 마세요!"

하나님이 그러셨는가? 아닐 것이다. 그런데 깊은 고난을 당한 사람은 그렇게 말할 수 있다. 이것이 하나님을 모독

하는 불경죄라고 해도, 고난 속에 견딜 수 없는 사람은 그렇게 말할 수도 있다. 왜? 우리는 우리 주변에 일어나는 모든 사소한 일도 주님의 섭리 속에 일어나는 일이라는 것을 믿기 때문이다.

주님은 시장에서 하찮게 덤으로 팔고 사는 참새 한 마리도 하나님이 허락하시지 않으면 그 하나도 땅에 떨어지지 않는다고(마 10:29) 하지 않으셨는가?

박완서는 계속 하나님께 따진다. 도대체 내가 무엇을 그렇게 크게 잘못했기에 이런 무서운 벌을 받아야 하느냐고. 부당한 큰 고난을 당하는 사람이 하나님께 말하는 것이 이것이다.

"하나님, 저도 죄를 짓고 사는 것을 잘 압니다. 그런데 제가 이런 고난을 받을 정도로 죄를 지었나요? 나보다 더 큰 죄를 지은 사람들은 멀쩡한데 나는 이게 뭡니까?"

물론 자신도 죄를 많이 짓는 사람이라고 한다. 그러나 이런 고난을 당할 정도로 죄짓지는 않았다는 것이다.

그러면서 절규한다. 내가 받은 벌이 교만의 대가였냐고, 나는 그렇다 치더라도 아들은 무슨 죄가 있냐고, 하나님이 그 푸르고 꽃 같은 아이를 에미의 교만에 대한 대가로 데려가신 거냐고…. 하나님이 그런 분이라면 그런 하나님은 차라리 없는 게 낫다며 몸부림친다. 박완서는 금기의 커튼을 젖혀 버리고 이 정도까지 내려간다.

"그저 만만한 건 신(神)이었다. 온종일 신을 죽였다. 죽이고 또 죽이고 일백 번 고쳐죽여도 죽일 여지가 남아 있는 신, 증오의 마지막 극치인 살의(殺意), 내 살의를 위해서도 당신은 있어야 돼." [5]

심지어 하나님에게 살의(殺意)마저 느꼈음을 고백한 것이다. 당연히 사람들도 싫었다. 남편을 잃고 생떼 같은 아들까지 잃었는데, 세상은 무심하게 변화가 없다. "네 고통은 나뭇잎 하나 푸르게 하지 못한다"라고 이성복 시인이 말하였듯이 세상은 온통 무관심한 듯하다.

에리히 마리아 레마르크의 《서부전선 이상 없다》(All Quiet on the Western Front)에서는 전쟁 중에 친구들이 하나둘씩 죽어가고, 마지막으로 남은 주인공 파울 보이머도 죽는데 그날의 군사 보고서는 이와 같았다.

"서부전선 이상 없다".

한 우주를 품고 살았던 사람이 죽어도 서부전선, 동부

---

5) 박완서, 같은 책, p.47.

전선은 이상 없다. "서부전선에 이상이 있다구!" 하고 외쳐도 소용이 없다.

어느 날 딸이 한 친구를 그녀에게 소개했다. 좋은 학교를 나와 출세하고 경제적으로도 유복하다는 그 친구는 자기 부모님에게서 나온 직계 가족이 50명 가까이 되는데 한 번도 참척을 겪은 일이 없다고 했다.

거기까지는 괜찮았는데 그 집안이 그렇게 잘되는 것은 그 어머니의 독실한 신앙과 끊임없는 기도생활 덕분이라는 것을 자손들이 느끼고 늘 감사하며 산다는 대목에서 박완서는 마음이 몹시 상하고 만다. 세상에 자식을 위해 기도하지 않는 어미가 없는데, 자기는 기도가 모자라서 아들을 잃었다는 말처럼 들려서 가슴에 못이 되어 박히는 기분이라고 했다.

기도가 모자라서 자식이 죽었다고? 이런 말처럼 못을 박는 말은 없을 것이다. 기도가 모자란다고 자식을 데려가는 하나님이 어디 있단 말인가?

루이스가 던졌던 질문, 박완서가 던졌던 질문. 나도 그런 질문을 던졌다. 그리고 우리 성도님들도 그러했다.

작은 고난일 경우는 이겨간다. 그러나 큰 고난, 그것도 부당한 큰 고난 앞에서는 데굴데굴 구를 수밖에 없다.

어떤 고난은 살아가는 데 분명 유익이 될 수 있다(시 119:71). 하지만 자녀가 죽은 참척의 아픔을 당한 사람 앞에서 "고난이 유익"이라는 말은 할 수 없다. 그 고난의 이유와 목적을 결코 설명할 수 없다.

숨어 계시는 하나님

깊은 고난 중에 바라본 하나님은 '숨어 계시는 하나님'일 경우가 많다. 바로 이것이 우리를 진정 힘들게 한다. 정말 애타게 찾는 그 순간에 숨어 계시고 침묵하시는 듯한 하나님! 우리는 모두 자신을 드러내고 말씀하시는 하나님과 더불어 숨어 계시는 하나님을 느낀다.

선지자 이사야는 이스라엘 백성이 회개하지 않으면 우상 숭배의 죄로 말미암아 멸망되고 바벨론에 포로로 끌려가게 될 것이라고 예언했다. 이스라엘은 하나님의 말씀을 듣지 않고 무너져 가고 있었다. 이사야는 속이 터졌다.

"하나님, 당신의 백성 이스라엘이 멸망하도록 내버려두시겠습니까?"

이사야가 애타게 외쳐도 하나님은 침묵하셨다. 이사야는 이런 하나님을 '숨어 계시는 하나님'이라고 부른다.

구원자 이스라엘의 하나님이여

진실로 주는

스스로 숨어 계시는 하나님이시니이다

사 45:15

시편에도 숨어 계시는 하나님께 대한 외침이 많고도 또 많다.

여호와여 어느 때까지니이까

나를 영원히 잊으시나이까

주의 얼굴을 나에게서 어느 때까지 숨기시겠나이까

나의 영혼이 번민하고 종일토록 마음에 근심하기를

어느 때까지 하오며

내 원수가 나를 치며 자랑하기를

어느 때까지 하리이까

시 13:1,2

하나님이여 침묵하지 마소서

하나님이여 잠잠하지 마시고 조용하지 마소서

시 83:1

여호와여 언제까지니이까

스스로 영원히 숨기시리이까

주의 노가 언제까지 불붙듯 하시겠나이까

시 89:46

영혼의 해부학이라 찬사를 받는 시편은 3분의 1이 모두 탄식시다. 고독하고 외로운 상황 속에서 주님께 외친 외침들이다. 그 외침의 대부분은 어서 응답해달라고, 어서 주의 영광을 보여달라고 호소하는 외침이다.

욥도 지독한 고난 속에서 숨어 계신 하나님 앞에 이렇게 탄식한다.

그런데 내가 앞으로 가도 그가 아니 계시고

뒤로 가도 보이지 아니하며

그가 왼쪽에서 일하시나 내가 만날 수 없고

그가 오른쪽으로 돌이키시나 뵈올 수 없구나

욥 23:8,9

종교개혁가 마르틴 루터는 하나님의 아들이 "나의 하나님, 나의 하나님, 어찌하여 나를 버리셨나이까?"(마 27:46) 하고 절규하실 때 도대체 하나님 아버지는 어디 계셨느냐고 물었다. 그는 고뇌하다 이렇게 답했다. 하나님은 십자가 뒤에 숨어 계셨다고. 여기서 루터의 유명한 '괴로움 속에 숨어 계신 하나님'(Deus absconditus in passionibus) 개념이 나왔다.

어거스틴은 이런 하나님을 가리켜 '모퉁이를 돌아가는 하나님'으로 묘사한다. 만날 듯하면 모퉁이를 돌아가시는 하나님이라는 것이다.

그뿐만이 아니다. 나치 히틀러에 저항하며 순교한 독일의 신학자이자 목회자인 본회퍼도 숨어버리신 듯한 하나님을 '애매모호한 하나님'이라고 말했다.

극적으로 하나님을 만난 후 천재적인 수학자에서 신실한 구도자로 변한 파스칼도 《팡세》(Pensèes)에서 이렇게 고백했다.

"하나님은 숨어 계시며, 숨어 계시는 하나님이 진리가 아니라고 말하는 종교는 거짓되다." [6]

신학자이자 철학자인 니콜라스 월터스토프는 등반 사고로 아들을 잃었다. 그는 아들의 죽음과 관련해서 그 죽

---

6) 파스칼, 《파스칼의 팡세》, 조병준 역(샘솟는 기쁨, 2018), p.82.

음을 설명하거나 정당화하려는 모든 위로의 말을 거절하고 이렇게 말한다.

"나는 이에 관해 아무 설명도 할 수 없다. 너무나 깊고 가장 고통스러운 신비 앞에서 내가 할 수 있는 일이란 단지 인내하는 것뿐이다. 나는 전능하신 하나님 아버지, 하늘과 땅의 창조주, 예수 그리스도, 부활하신 그분을 믿는다. 또한 내 아들이 삶의 절정에서 꺾인 사실도 믿는다. 이 두 조각을 나는 끼워 맞출 수 없다. 어떻게 해야 할지 모르고 있다. 나는 하나님께서 인간을 대하시는 방법을 정당화하는 방편으로 생긴 신정론(神正論)을 읽어보았다. 확신이 가지 않았다. 나를 가장 고통스럽게 만드는 그 질문의 답을 나는 모른다. 하나님께서는 왜 에릭이 추락하는 것을 지켜만 보셨는지, 나는 그 이유를 모른다. 하나님께서는 왜 내가 상처받는 것을 지켜만 보시는지 나는 그 이유를 모른다. 추측도 할 수 없다. (중략) 대답 없는 질문이 내 상처인 것이다."[7]

"대답 없는 질문이 내 상처다!"

---

7) 니콜라스 월터스토프, 《나는 사랑하는 사람을 잃었습니다》, 박혜경 역(좋은씨앗, 2016), p.107-108.

이렇듯 성경에 나오는 믿음의 용사들뿐 아니라, 신앙의 역사 속에 큰 족적을 남긴 믿음의 영웅들 또한 숨어 계시는 하나님을 체험해 왔다. C. S. 루이스도, 박완서도, 그리고 우리도 그러하다.

무엇보다도 예수님도 하나님의 침묵을 경험하셨다. 예수님이 십자가에 달려 "나의 하나님, 나의 하나님, 어찌하여 나를 버리셨나이까"라고 하셨을 때 하나님은 끝까지 침묵하셨다.

한 번도 하나님과 분리되어본 적이 없는 성자 하나님이 하나님 은혜의 품 바깥으로 내어 쫓기고 하나님의 사랑과 돌봄에서 내어 쫓겨 하나님의 의도적인 외면 안으로 들어가셔야 했다. 하나님은 우리를 구원하시기 위해 의도적으로 아들을 외면하셨다. 그때 예수님이 느끼셨던 감정, 절망감이 어떠했을까.

이런 생각을 해보았다.

우리가 믿는 하나님은 '전지전능하신 하나님'이다. 그러니 위급한 경우에 하나님이 권능을 드러내시면 많은 사람이 하나님을 더욱더 따르지 않을까? 하나님을 믿는 무리가 더욱 늘어나면 정말 좋은 일이 아닌가.

예수라는 이름은 '여호와는 구원이시다' 혹은 '여호와는 도움이시다'라는 뜻이다. 한마디로 '구원자'를 가리킨다. 구약에서 '예수아'로 부르던 것을 신약에서 헬라어로 음역하여 '이에수스'로 불렀다. 이것이 우리말로 '예수'가 된 것이다. 즉, 구약에서의 '예수아', 신약의 '예수'는 모두 '구원자'라는 의미다.

그 이름 그대로 깊은 고난의 순간 짠, 하고 나타나 역사해 주시면 얼마나 좋을까. 그러면 더 많은 사람이 주님을 믿고 따르지 않을까.

그런데 하나님은 그렇게 하지 않으신다. 구약 성경을 보면 하나님은 자신의 이름조차 감추고 알려주지 않으신다.

창세기에서 야곱이 "당신의 이름을 알려주소서"라고 청했을 때 하나님은 "어찌하여 내 이름을 묻느냐?"라고 되물을 뿐 대답은 하지 않으신다(창 32:29).

출애굽기에서 모세에게도 하나님은 "네 조상의 하나님"(출 3:6) 또는 "아브라함의 하나님, 이삭의 하나님, 야곱의 하나님"(출 3:15)이라고만 하실 뿐 정작 이름은 계시하지 않으신다. 그저 "나는 스스로 있는 자이니라"(출 3:14)라고 하셨다. 원어 그대로 번역하면 "나는 나다"가 된다.

우리는 여전히 하나님의 정확한 이름을 모른다. 하나님

은 분명 스스로 드러내시는 분(Deus Revelatus)인 동시에 숨어
계시는 분(Deus Absconditus)이다. 우리는 드러내시는 하나님
을 체험하며 감사한다. 동시에 숨어 계시는 하나님을 느낄
때 말할 수 없는 탄식의 기도를 드린다.

물론 '숨어 계시는 하나님', '이름을 가르쳐주지 않으시
는 하나님'에 대한 신학적 해석이 많이 있다. 그러나 그 해
석들은 어느 정도 정신이 든 상태에서야 겨우 수긍이 된
다. 그것도 완벽하게 이해되는 것도 아니다. 깊은 고난의
순간에 하나님의 침묵, 숨어 계시는 하나님을 느끼면 견딜
수 없이 고통스럽다.

절규를 이해해주자

루이스는 아내를 잃은 후 서서히 신앙의 길을 찾는다.
비록 이 모든 것을 이해할 수 없더라도, 하나님이 자신에게
닫힌 문이 아니라는 것을 알아간다. 그는 아내가 하나님
의 품으로 갔다고 믿었다. 루이스의 사랑 이야기는 〈샤도
우랜드〉(Shadowlands, 1995)라는 영화로 만들어진다.

박완서도 회복되어 갔다. "하필 왜 내가 이런 일을 당해
야 하나?"라는 원망으로 똘똘 뭉쳤던 그녀는 "왜 나라고

그런 일을 당하면 안 되는가?"라고 돌아보게 되었다. 또한 하나님이 분명히 뭐라고 말씀하셨는데, 자신의 귀가 아집과 독선으로 가득 차 못 들었을 수도 있다고 하였다.

이들의 회복 이야기에 방점을 두자는 것이 아니다. 고난의 한가운데서 그들이, 아니 우리가 절규하고 발버둥 치며 드리는 기도 이야기를 하자.

우리는 고난의 '과정'이 아닌 '결론'을 너무 많이 들어왔다. 고난의 유익과 결론을 성급히(?) 말하면서 정작 고난 중에 절규하는 고통을 냉랭하게 바라볼 때가 많다. 그러나 그 절규의 과정을 이해해주고 기다려주어야 한다. 이것이 중요하다.

구약에서 의인의 고난, 그것도 부당한 고난에 대한 주제를 다루고 있는 대표적인 성경이 욥기다. 욥기는 전체가 42장이다. 서론 부분인 1-2장과 결말 부분인 42장이 산문(散文)으로 되어 있고 나머지 3-41장은 모두 운문(韻文), 즉 시(詩)로 되어 있다. 흔히들 욥기를 읽을 때 가장 중요한 구절로 이런 구절들을 떠올린다.

이르되 내가 모태에서 알몸으로 나왔사온즉

또한 알몸이 그리로 돌아가올지라

주신 이도 여호와시요 거두신 이도 여호와시오니

여호와의 이름이 찬송을 받으실지니이다 하고

이 모든 일에 욥이 범죄하지 아니하고

하나님을 향하여 원망하지 아니하니라

욥 1:21,22

내가 주께 대하여 귀로 듣기만 하였사오나

이제는 눈으로 주를 뵈옵나이다

욥 42:5

　　서론과 결론에 해당하는 이 구절들은 모두 산문(散文) 형식으로 되어 있다. 참 은혜스러운 고백의 구절이다.

　　그러나 욥기에서 결코 간과해서는 안 될 부분은 바로 운문으로 된 3-41장이다. 마흔두 장 중에 무려 서른아홉 장이 이른바 욥의 절규 부분이다.

　　산문으로 되어 있는 1-2장은 아직 더욱 깊은 고난을 받기 전, 정신이 조금 있을 때 했던 고백이다. 또한 산문으로 기록되어 있는 42장의 고백은 그 많은 고난을 통과하고 하나님을 뵈었을 때 한 것이다. 한마디로 두 부분 다 정신이 있을 때의 고백이다. 그러나 시로 되어 있는 3-41장은 정신이 혼미할 때, 죽고 싶은 마음일 때 고백한 내용들이다. 이 부분을 건너뛰고 욥기를 이해했다고 하면 코끼리의 꼬리만 만졌을 뿐이다.

니체는 그의 대표작 《짜라투스투라는 이렇게 말했다》(Also sprach Zarathustra)를 비롯하여 대부분의 저서를 시로 기록했다. 그의 철학은 단순한 논리적 주장이나 학술적 담론을 넘어선다. 그는 인간의 감정과 직관에 직접 호소하는 방식을 원했으며, 이를 위해 시적인 표현을 선택했다.

특히 그의 철학은 기존의 도덕과 가치를 해체하고 새로운 인간상을 제시하는 것이기 때문에 기존의 문체로는 표현할 길이 없었다. 이에 그는 자신의 깨달음을 논리적인 설명이 아니라 생생하고 강렬한 체험으로 만들고자 했고, 그 결과가 시적 표현이었다. 한마디로 시로써밖에 그 마음과 생각을 담을 수 없었던 것이다.

이성적이고 논리적인 말로 할 수 없는 것이 있다. 시로써밖에, 아니 울부짖는 방법으로밖에 말할 수 없는 것이 있다.

깊은 고난을, 그것도 이해할 수 없는 부당한 고난을 받은 욥은 자신의 터질 것 같은 마음을 표현할 길이 없었다. 논리와 이성은 이미 물 건너갔다. 직관적이고 감정적인 시

로써 하나님 앞에 외칠 수밖에 없었다. 이 허물어진 외침이
무려 서른아홉 장에 걸쳐 나온다.

욥은 자신의 생일을 저주한다.

그 후에 욥이 입을 열어 자기의 생일을 저주하니라
욥이 입을 열어 이르되
내가 난 날이 멸망하였더라면,
사내아이를 배었다 하던 그 밤도 그러하였더라면,
그날이 캄캄하였더라면,
하나님이 위에서 돌아보지 않으셨더라면,
빛도 그날을 비추지 않았더라면,

욥 3:1-3

이러므로 내 마음이 뼈를 깎는 고통을 겪으니
차라리 숨이 막히는 것과 죽는 것을 택하리이다
내가 생명을 싫어하고
영원히 살기를 원하지 아니하오니
나를 놓으소서 내 날은 헛것이니이다

욥 7:15,16

나는 욥기에서 하나님이 욥에게 이런 책망을 하시지 않은 것에 얼마나 감사했는지 모른다.

"욥아, 너는 왜 믿음이 없이 그토록 나를 원망하고 삶을 저주하였느냐?"

하나님은 욥이 절규하는 그 과정을 받아주셨다. 루이스의 절규도, 박완서의 피맺힌 부르짖음도, 그리고 우리의 그것도.

우리가 부를 수 있는 마지막 이름

그럼에도 불구하고, 하나님은 고통의 끝자락에서 부를 수 있는 마지막 이름이다. 고난의 종점에는 하나님이 기다리신다.

참으로 이상하고 신비한 것은 성도가 하나님께 극도의 실망과 좌절을 깊이 느끼고 삶이 엉망이 돼버린 상황에서조차도 그분께 부르짖는다는 것이다. 그것이 절규든 원망이든 반항이든, 하나님께 묻고 또 묻고 소리친다.

기도가 원망이 되고, 원망이 저주가 되고, 저주하다 못해 지치고 지쳐 심지어 살의(殺意)마저 느끼는 순간에도, 죽을 것 같은 그 순간을 견뎌줄 유일한 존재는 오직 하나님

뿐이다. 그렇다. 이해할 수 없는 고난 앞에 하나님께 부르짖는 것만이 유일한 답이다.

A. W. 토저는 '하나님을 추구함'(pursuit of God)이 그 어떤 경우에도 성도들이 할 일이라고 말한다. 하나님의 섭리를 다 알 수 없다. 다만 하나님을 추구할 뿐이다. 처음도 중간도 마지막도 우리가 추구하며 부를 이름이 하나님이라는 것이다.

필립 얀시는 그의 저서 《하나님 당신께 실망했습니다》(Disappointment With God)에서 부당하게 당하는 의인의 고난 문제를 심도 있게 다뤘다. 그러나 답을 제시하지 못했다. 당연하다. 누가 대답할 수 있겠는가!

그는 세 가지 깊은 질문을 던진다.

"하나님이 정말로 공평하신가?"

"하나님은 왜 침묵하고 계시는가?"

"하나님은 왜 숨어 계시는가?"

깊은 질문이지만 답이 없는 질문이다. 그러나 이 구절에서 얼마나 은혜를 받았는지 모른다.

"진짜 무신론자는 하나님에 대한 실망도 느끼지 않는다. 기

대가 없으니 받는 것도 없다." [8]

무신론자는 하나님에 대해 실망하지 않는다. 하나님께 아무것도 기대하지 않기 때문이다. 하나님께 실망하는 사람은 하나님을 믿는 성도들이다. 하나님께 기대하는 것이 너무나 많기 때문이다. 하나님이 전부이기 때문이다.

그래서 죽으나 사나 성도들은 하나님께 묻는다. 끝까지 하나님의 사랑을 기대하며 하나님께 소리친다. 이것밖에 없다. 때로는 아무 내용 없는 기도, 끙끙 앓는 소리만 나는 기도라도 우리는 하나님께 매달린다. 그게 답이다.

시간이 지난 후, 박완서는 고통 중에 자신이 쓴 글을 보며 지난 고통의 시간을 회고한다.

"그때 쓴 걸 다시 읽어보면서 적지 않이 놀라고 민망했습니다만 순전히 하느님에 대한 부정과 회의와 포악과 저주로 일관돼 있습니다. 그러나 (중략) 만일 그때 나에게 포악을 부리고 질문을 던질 수 있는 그분조차 안 계셨더라면 나는 어

---

8) 필립 얀시, 《하나님 당신께 실망했습니다》, 김성녀 역(한국기독학생회출판부, 2015), p.40.

떻게 되었을까, 가끔 생각해봅니다만 살긴 살았겠죠. 사람 목숨이란 참으로 모진 거니까요. 그러나 지금보다 훨씬 더 불쌍하게 살았으리라는 것만은 환히 보이는 듯합니다." [9]

이 고백을 다시 들어보자.

"그분조차 안 계셨더라면 나는 어떻게 되었을까!"

은희경의 중단편 소설집 《행복한 사람은 시계를 보지 않는다》에 참 기가 막힌 이야기가 나온다. 세상의 인연이 다 번뇌라며 강원도 어느 절로 들어가려고 탄 시외버스에서 한 군인의 옆자리에 앉았다가 두 달 만에 결혼했다는 친구의 이야기다.

인연을 끊겠다는 사람일수록 마음 깊은 곳에서는 사람에 대한 그리움이 강한 법이다. 작가가 그 친구의 이야기를 통해 말한 것처럼, 벗어나고 싶어 하면서도 집착의 대상을 찾는 것이 인간이 견뎌야 할 고독의 본질일지도 모른다.

그 친구는 사람이 싫다며 사람 없는 산으로 가는 길에 사람을 다시 만나 결혼했다. 사람에 대한 집착이 아니다.

_____

9) 박완서, 같은 책, p.10.

사람이 사람을 찾을 수밖에 없는 본질의 이야기다.

마찬가지다. 성도는 하나님을 찾는다. 나에게 이럴 수가 있냐며 하나님을 안 믿겠다고 소리치면서도 하나님을 찾는다. 우리는 하나님의 자녀이기에 하나님을 찾을 수밖에 없다.

극심한 고난 속에 몸서리칠 때, 자신의 원망을 받아줄 존재가 오직 하나님뿐이라는 걸 알기 때문에 하나님께 원망의 말을 쏟아낸다.

큰 고난을 겪지 않고 그저 믿음이 좋고 신실한 사람들이 이 원망의 기도를 들으면 놀라기도 하겠지만, 이해해주어야 한다. 마음껏 울고 욕하도록, 마음껏 소리치도록 내버려두어야 한다.

소천하신 이어령 교수님을 만나 대화할 때, 잊을 수 없는 그의 고백이 있었다.

"딸 민아가 고통 속에 있을 때, 내가 알고 있던 그 어떤 시와 글로도 딸을 위로할 수 없었습니다. 오직 교회에 가서 하나님께 소리 질러 기도하고 울고 오면 딸의 얼굴이 평안해지는 것을 보았습니다."

이어령 교수가 하나님을 깊이 생각하게 된 두 가지 이유 중의 하나가 바로 이것이다. 딸은 호메로스의 시로도, 김

소월 님의 시로도 위로를 받지 못했다. 오직 주께 매달려 기도하고 또 기도할 때 마음이 풀렸다.

하나님을 생각하며 견뎌라

자, 다시 이 성경 구절로 돌아왔다.

부당하게 고난을 받아도
하나님을 생각함으로 슬픔을 참으면
이는 아름다우나

벧전 2:19

그렇다. 부당한 고난, 이해할 수 없는 고난이 분명히 있다. 그런 억울하고 부당한 고난을 당할 때 그 답은 무엇일까? 하나님을 생각하며 견디는 수밖에 없다.

"하나님을 생각함으로"(디아 쉬네이데신 데우)라는 구절은 '하나님을 향한 의식을 통해서', '하나님을 잊지 않음으로써', '하나님을 묵상함으로'라는 의미다. 하나님께 기도함으로 슬픔을 참고 견디라는 말씀이다.

박완서 님을 인터뷰한 잡지사 기자는 "선생님, 그러한 고통을 어떻게 극복하셨습니까?" 하고 질문했다. 그러자 선생은 이렇게 답했다.

"그것은 극복하는 게 아니라 그냥 견디는 것입니다."

극복이 아니라 견디는 것!

그럴지도 모른다. 어떤 성도는 부당한 고난을 극복할 수도 있겠지만, 대부분의 성도는 견디는 것이다.

하나님은 우리에게 견딜 힘을 주신다. 그리하여 깊은 아픔을 지닌 채 다시 시작하고 다시 일어설 수 있도록 힘을 주신다. 그 전의 아픔이 제로가 되는 것은 아니다. 그러나 다시 힘을 주신다.

평생을 믿었어도 하나님을 다 이해할 수는 없다. '하나님이 계신다면 세상에 어떻게 이런 일이 일어날 수 있을까?' 마치 하나님이 나를 버리신 것처럼 느껴질 때, 하나님이 안 계신 것처럼 느껴질 때, 아니면 무능하시거나 나에게 관심이 없으신 것처럼 느껴질 때, '이해할 수 없는 하나님을 믿음'이 진정한 믿음이다. 그래서 기도하며 견디는 것이다.

구약 성경에서 가장 생생한 구절이 있다. 미국에서 구약학 박사 과정을 공부할 때 지도 교수인 다니엘 블럭 교수님은 너무 뜨거워 견딜 수 없는 구절이라고까지 표현하셨다.

내가 네 곁으로 지나갈 때에
네가 피투성이가 되어 발짓하는 것을 보고
네게 이르기를 너는 피투성이라도 살아 있으라
다시 이르기를 너는 피투성이라도 살아 있으라 하고

겔 16:6

"너는 피투성이라도 살아 있으라!"

이 구절의 맥락은 이러하다. 한 여자아이가 태어났다. 탯줄도 자르지 않고 몸을 물로 씻기지도 않은 채로 들에 버려졌다. 비참하게 죽어가는 어린 생명이다.

그런데 한 사람이 지나다가 이 아이를 보았다. 불쌍히 여겨 가슴에 안고 데려간다. 그리고는 끊어질 듯 가녀린 아기의 숨을 보고 말한다.

"피투성이라도 살아만 있으라."

그는 기어이 아기를 살려내고 왕후처럼 존귀한 모습으로 기른다. 하나님이 버려진 아기 같은 이스라엘을 그렇게 불쌍히 여겨 살려내고 양육하신 것이다.

깊은 고난을 당하는 성도에게 십자가에 달리신 피투성이 예수님이 그렇게 말씀하시지 않을까.

"너는 피투성이라도 살아야 한다."

피투성이가 되더라도, 부당하게 고난을 받아도 하나님을 생각함으로 슬픔을 견디고 참으라고 말씀하신다.

예수님의 그 처절한 외침을 다시 들어보자.

"나의 하나님, 나의 하나님,

어찌하여 나를 버리셨나이까"

마 27:46

이해할 수 없는 십자가의 고난 속에서도 "나의 하나님"이라고 하신다. 그리고 이 말씀을 하시고 숨지신다.

"아버지

내 영혼을 아버지 손에 부탁하나이다"

눅 23:46

이 고통의 이유를 알지 못하고 이해할 수 없어도 마지막으로 또 하나님을 부르셨다.

우리가 부를 마지막 이름이 하나님이다.

십자가에 달리신 하나님

그래도 여전히 의문은 남는다.

"나에게 왜 이런 일이 일어났을까?"

"하나님은 왜 그때 전능하신 오른손으로 구해주지 않으셨는가?"

이 질문에는 답할 수 없다.

그런데 이 질문에는 답할 수 있다.

"하나님은 내가 고통당할 때는 어디 계셨는가?"

'임마누엘' 하나님이 바로 거기 함께 계셨다. 하나님은 지금 여기서 우리와 함께하시는 분이다. 그리고 우리가 고통받는 그때도 반드시 함께하신다.

> 여호와는 마음이 상한 자를 가까이하시고
> 충심으로 통회하는 자를 구원하시는도다
>
> 시 34:18

의인 아벨의 피가 땅에서 부르짖을 때도, 요셉이 광야의 구덩이에서 살려달라고 소리칠 때도, 히브리인들이 애굽에서 고통당하고 있을 때도, 스데반이 돌에 맞아 죽어갈 때도 하나님은 바로 거기, 고통당하는 자의 곁에서 함께 계셨다.

심지어 하나님의 아들 예수께서 버림받은 자로 십자가에 달려 "나의 하나님, 나의 하나님, 어찌하여 나를 버리셨나이까?"라고 울부짖으며 하나님의 부재를 경험하는 그 순간에도 하나님은 거기 계셨다. 몰트만(Jurgen Moltmann)의 말대로, 예수님이 십자가에 달리실 때 하나님도 십자가에 달리신 것이다.

나치의 만행에 반대하며 순교한 디트리히 본회퍼는 그의 옥중서신 《저항과 복종》(Widerstand und Ergebung)에서 이런 신앙고백을 하였다.

"하나님은 자신을 세상에서 십자가로 추방하지. 하나님은 세상에서 무력하고 약하며, 오직 그렇기 때문에 그는 우리와 함께 계시고 우리를 돕는다네. 그리스도가 그의 전능하심이 아니라, 그의 약함, 그의 수난으로 도우신다는 것은 마태복음 8 : 17에 분명하게 나타나 있네. (중략) 성서는 인간에게 하나님의 무력함과 수난을 지시하고 있지. 오직 고난당하는 하나님만이 도울 수 있지." [10]

---

10) 디트리히 본회퍼, 《저항과 복종 옥중서간》, 손규태·정지련 공역(대한기독교서회, 2017), p.681.

세계대전, 아우슈비츠같이 이해할 수 없는 큰 고난을 겪은 신학계는 '하나님의 전능하심'에 대한 다른 해석을 하기 시작했다. 본회퍼가 바라본 하나님의 특징 중 하나는 '무력(無力)함'이었다.

우리가 늘 믿고 기대하는 하나님은 전능하신 하나님이다. 즉, 우리는 고난당하는 우리에게 나타나 문제를 해결해주시는 능력의 하나님을 기대한다. 그런데 본회퍼에 의하면 하나님은 오히려 고난당하는 자와 함께 철저히 무력하게(?) 고난당함으로써 역설적으로 인간을 돕는 존재라는 것이다. 그리고 이것이 하나님의 전능하심이라고 한다.

하나님의 전능하심에 대한 그의 해석에 동의하지는 못하겠다. 그러나 하나님께서 낮아지심, 십자가의 죽으심으로 우리와 함께하고 계신다는 말에는 전적으로 동의한다.

분명, 하나님은 전능하신 하나님이다. 강력한 힘으로 우리를 도우시는 하나님이다. 그리고 동시에 인간과 같이 낮아지고 약해지셔서 우리와 함께 고난을 당하신 하나님이다. 같이 고난을 당함으로 같이 아파하며 우리의 고난을 도우시는 하나님이다.

이는 선지자 이사야를 통하여 하신 말씀에

우리의 연약한 것을 친히 담당하시고

병을 짊어지셨도다 함을 이루려 하심이더라

마 8:17

　하나님은 우리에게 고난과 고통의 이유를 설명하시지 않을 때가 많다. 다시 말하지만 "왜 나에게 그런 일이 일어났을까?", "왜 고난의 그때 나타나셔서 전능하신 손으로 구원해주시지 않았는가?"에 대한 질문에는 답할 수 없다.

　그러나 그분은 우리가 고난당하는 순간에 함께하고 같이 아파하고 계신다. 무엇보다도, 고난을 딛고 이겨낼 힘을 주신다. 우리의 탄식을 받아주시고 눈물을 닦아주실 뿐 아니라 다시 살아갈 힘을 주신다.

　하얗게 새는 고통의 밤

　나의 간증을 드린다. 나는 박완서, 루이스, 그리고 부당한 고난 속에 놓인 이들의 마음을 5할쯤은 이해한다고 조심스레 고백한다. 나 또한 그런 고난을 겪어왔고, 지금도 그 고난의 강을 건너고 있기 때문이다.

　아침이 밝기 전 아내는 내 뺨을 살짝 어루만지며 웃는

다. 나를 이토록 사랑하나 보다 했더니 밤새 살았나 죽었나 보는 것이란다.

나는 심근경색으로 인해 현재 세 개의 스텐트를 심장혈관에 심었다. 우스갯소리로 '아이언맨 쓰리'라고 한다. 주치의는 더 심어야 할지 고민이라며 매번 "요즘도 심장이 따끔거려요?"라고 묻는다. 그리고 항상 당부한다.

"밤에 이상 증세를 느끼면 잠을 자지 말고 깨어 있으세요."

자다가 큰일을 당할 수 있다는 것이다. 하여 밤에 통증을 조금이라도 느끼면 밤을 하얗게 샌다. 그 밤이 참 뜨겁다. 참 많은 생각을 한다.

심장혈관 이상은 대개 나이 들어서 겪는다. 그런데 나는 펄펄 끓는 20대 후반부터 시작되었다. 선천적이라고 한다. 하루에 담배 두 갑을 20년 이상 피워온 듯한 혈관이라고 한다. 지금에야 여러 치료법이 있지만, 당시에는 심근경색의 치료법이 거의 없었다.

어느 날 삶을 정말 내려놓았다. 그때의 심정은 글로 표현할 길이 없다. 나는 유서를 써서 안주머니에 넣고 다녔다. 부모님에게 드릴 편지였다.

"사랑합니다. 감사합니다. 하나님 안에서 믿음으로 잘 살아가세요."

하지만 끝부분을 쓰며 펜이 멈추었다.

"믿음으로 살아가시길 바랍니다."

이 문장을 쓰는데 손이 떨렸다. 하나님의 일을 한다며 모든 것을 놓고 신학교에 간 아들이 속절없이 먼저 하늘나라로 가는데, 아직 믿음이 없는 부모님이 신앙으로 살 수 있을까.

어머니는 아들이 신학교에 가자, 그날로 절에 다니는 것을 끊고 근처 교회로 새벽기도를 다니며 아들을 위해 기도하셨다. 어미의 마음은 오직 하나, 아들이 잘되는 것이 아닌가. 그런데 그런 아들이 먼저 떠나버린다면, 그것도 하나님의 일을 하겠다며 나선 아들이 그렇게 된다면 어머니는… 어떻게 그 아픔을 해석하실 수 있을까.

나는 묻고 또 물었다. 주님께 제발 이유를 알려달라고 했다. 죄 때문이라면 회개하고 또 회개하겠다고 했다. 그렇다. 제일 괴로웠던 것은 병 자체가 아니다. 고난의 이유를 알 수 없는 것. 그것이 제일 힘들었다.

내가 죄도 많고, 죄성도 가득한 존재라는 것은 잘 안다. 그런데 이 정도 벌을 받을 만큼 잘못했는가?

주님을 위해 좋은 직장도 내려놓고, 그야말로 다 버리고 성별된 봉사자의 길로 갔다. 신학교 들어가서는 수석(首席)

을 한 번도 놓친 적이 없다. 학점은 거의 퍼펙트였다. 신학교 공부를 마치 주께 하듯이 신령과 진정으로 예배드리듯이 했다. 몸이 부서져라 아르바이트를 하며 살았다. 예배는 물론 교회의 모든 수련회를 따라다니면서 주님을 섬겼다.

이런 과정 속에서 알게 모르게 교만이 쌓인 것은 아닐까. 그 교만의 죗값으로 바로 이러한 심근경색이 온 것인가?

그것은 아닐 것이다. 결코 아닐 것이다. 하나님은 그런 분이 아니시다. 하나님은 노점 상인들에게 보호세 명목으로 돈을 뜯어가는 조폭 보스가 아니다. 더군다나 조금 잘못했다고 칼을 휘두르는 냉혹한 검객이 아니다.

알 수는 없지만, 믿음으로 살 수는 있다

내 목회학 석사(M.Div) 논문은 〈요나서에 나타나는 아이러니 구조와 그 기능〉에 대한 주제로 썼다. 학문적으로 우수하다는 극찬을 받았다. 그러나 깊은 고난의 때에, 온몸이 무너지는 고난 속에 쓴 신학 석사(Th.M) 논문은 욥기에 관한 것이었다.

한 글자 한 글자를 눈물로 썼다. 절규하는 욥의 심정이 그대로 느껴져 왔다. 욥의 절규가 곧 내 것이었다. "왜?"라고 묻는 그의 목소리에 내 마음이 겹쳐졌다. 욥이 외쳤던 고통의 소리에 내 마음을 실었다. 욥이 드렸던 기도 그대로, 아니, 절규 그대로 하나님께 절규했다.

그런 욥에게 죄 때문에 고난을 받는 것이라며 정죄하던 엘리바스, 빌닷, 소발, 세 친구가 정말 미웠다. 더 괴로웠던 건, 이 모든 일이 내 젊음 한가운데서 벌어졌다는 것이다.

정신이 또렷했고, 감성이 예리했으며, 지성이 폭발하던 시기였다. 온갖 철학과 신학, 문학의 감동이 내 안에서 춤추던 시기였다. 차라리 정신이 깜빡깜빡하거나 오락가락 하였더라면 편했을 것이다. 맑은 정신으로 고난과 죽음을 바라보는 것은, 찢어지는 일이었다.

구약학 교수를 하기 위해 모든 준비를 했다. 그러나 몸이 아파 유학을 떠날 수조차 없었다. 2년 동안 강원도로 요양을 떠났다. 몸이 조금 회복되어 유학을 갔는데, 다시 멈춰야 했다.

"하나님, 왜 모든 것을 막으십니까? 제가 그렇게 밉습니까? 제가 그렇게 죄가 많습니까?"

묻고 또 물었다.

젊은 시절, 유명한(?) 여러 목사님에게 기도를 받았다. 기도 받기 전 목사님들에게 부탁했다.

"이 고난의 이유가 무엇입니까? 그 이유를 알게 해달라고 기도해주세요."

몇몇 목사님이 내 고난의 이유에 대해 설명해주었다. 그러나 나는 1할의 확신도 얻을 수 없었다.

한 분이 이렇게 말씀하셨다.

"형제님이 아픈 이유를… 제가 어떻게 알겠습니까?"

그 말을 들을 때 나는 오히려 평안을 느꼈다.

'그래, 모르는 것이다. 알 수 없는 것이 참 많다.'

물고기가 아무리 물을 들이켜도 호수의 물을 마르게 할 수 없고, 꿀벌들이 아무리 부지런하다 해도 이 세상의 꽃들이 만드는 꿀을 다 모을 수가 없다.

하나님은 성경을 통해 우리에게 말씀하시지만, 성경을 100독 하고 기도를 해도 하나님의 크신 뜻을 다 알 수는 없다. 하나님은 말씀하시는 분이지만, 그 뜻의 전부는 오직 하나님만이 아신다.

오랜 시간이 지났다. 하나님의 은혜로 난 살아 있다. 그런데 지금도 내 고난의 이유를 모른다. 그래도 목회를 하고 있다. 세미나와 부흥회를 인도하고, 방송을 하고 글을 쓰고 있다. 극적으로 하나님을 만나 문제가 해결된 욥도 자신이 겪은 고난의 이유를 끝내 알지 못했다.

이 말을 꼭 하고 싶다.

부당한 고난에 대한 이유를 알지 못하는 경우가 많다는 것!

그래도 믿음으로 살아갈 수가 있다는 것!

생후 1년 만에 소아마비를 겪어 평생 장애인으로 살아야 했고, 계속 전이되는 암과 투병했던 장영희 교수는, 기적이 아닌 날이 하루도 없었다고 한다.

아침에 눈을 뜨면 기적과 같은 하루가 주어졌음에 감사하고, 석양을 바라보면서 하루를 기적처럼 살아낸 것에 감사하며, 잠자리에 들 때면 "하나님, 내일 아침에도 제게 기적을 주시겠습니까?" 하는 마음으로 소망을 품었다고 한다. 주님이 주신 하루하루의 삶을 그렇듯 경외로운 마음으로 맞이하였다.

나는 그 심정을 이해한다. 고난을 겪으며 매일의 하루가 꽃봉오리처럼 소중하다는 것을 느낀다. 오늘 하루가 나에겐 최고의 꽃자리다. 새봄을 맞이하는 것과 아침을 맞이하는 것이 그리도 좋다.

고난의 이유는 아직도 모르지만, 다시 살아갈 힘과 용기를 주시는 주님이 그리도 좋고, 하루하루가 에스프레소 열 잔을 마신 것처럼 진하다. 성경 말씀 한 구절 한 구절이 그리도 눈물겹다.

고통당하는 사람에게 무엇을 해야 할까?

깊은 고난을 당한 사람에게는 무엇보다도 하나님의 위
로와 은혜가 절대적으로 필요하다. 그리고 또 하나, 곁에
있어줄 좋은 사람이 필요하다. 예수님도 십자가에 달리시
기 전 겟세마네 동산에 기도하러 가실 때, 사랑하는 제자
들을 데리고 가셨다.

이에 예수께서 제자들과 함께
겟세마네라 하는 곳에 이르러 제자들에게 이르시되
내가 저기 가서 기도할 동안에
너희는 여기 앉아 있으라 하시고
베드로와 세베대의 두 아들을 데리고 가실새
고민하고 슬퍼하사 이에 말씀하시되
내 마음이 매우 고민하여 죽게 되었으니
너희는 여기 머물러 나와 함께 깨어 있으라 하시고

마 26:36-38

예수님은 이른바 선한 사마리아인의 이야기를 들려주시면서 이렇게 물으셨다.

"누가 강도 만난 자의 이웃이 되겠느냐?"(눅 10:36).

이 말씀은 이런 질문으로 치환될 수 있다.

"누가 깊은 고난을 당한 사람의 이웃이 되겠느냐?"

고통의 심연 속에서 낙심하고 분노하고 절규하는, 그러면서도 위로를 기다리는 친구를 위해 "누가 좋은 이웃이 되겠는가?" 고난당한 이웃을 위해 우리가 할 수 있는 일은 무엇인가?

침묵하고 경청하자

무엇보다도 침묵해야 한다. 우리는 고통 받는 성도에게 딱히 건넬 말이 없다. 깊은 고통을 당하는 사람 앞에서 제 3자의 입장에서, 객관적으로, 이론적으로 던져주는 언설은 고통을 더할 뿐이다. 깊은 고통의 신음을 앓고 있는 사람은 누군가로부터 듣기보다는 누군가 들어줄 사람이 필요하다.

내 하나님이여 내 하나님이여

어찌 나를 버리셨나이까

어찌 나를 멀리하여 돕지 아니하시오며
내 신음 소리를 듣지 아니하시나이까

시 22:1

욥이 고난당할 때 그를 찾아온 세 친구는 욥과 함께 통곡하며 아무런 말도 하지 않았다. 이 침묵을 깬 것은 욥 자신이었다.

나에게는 평온도 없고 안일도 없고 휴식도 없고
다만 불안만이 있구나

욥 3:26

욥은 고통과 낙심을 토로한다. 그의 말을 듣고 친구들은 자신들이 하나님의 변호사라도 된 듯이 욥에게 답변을 시작한다.

아쉽고 아쉽다. 더 침묵했어야 한다. 더욱 들어주었어야 한다. 욥이 겨우 몇 마디 탄식할 뿐이었는데, 친구들은 봇물 터지듯 말하기 시작한다.

이에 욥은 더욱 고통스러웠다. 위로받아야 할 욥은 범죄자 취급을 당한다. 친구들은 욥의 상한 얼굴을 보고 말하지 않았다. 그저 자신들의 의견을 말할 뿐이었다.

이제 원하건대
너희는 내게로 얼굴을 돌리라 …
욥 6:28

얼굴을 보지 않고 말하는 친구들! 그는 총을 맞은 듯 마음이 문드러져갔다. 욥은 하나님과 대화하고자 하지만, 친구들이 나서서 하나님 대신에 논쟁을 벌인다(욥 13:3). 욥은 결국 이렇게 말한다.

옳은 말이 어찌 그리 고통스러운고,
너희의 책망은 무엇을 책망함이냐
욥 6:25

너희는 거짓말을 지어내는 자요
다 쓸모없는 의원이니라
욥 13:4

우리는 깊은 고통을 당하는 사람 앞에서 침묵해야 하

며, 고통당하는 자의 말을 경청해야 한다. 욥의 친구처럼 섣부르게 정죄하고 결론을 내려서는 안 된다.

"아프니까 인생"이라는 말도, "모든 것이 잘될 것"이라는 틀에 박힌 말도 하지 말자. 더군다나 "분명, 하나님의 뜻이 있을 거야"라는 말도 쉽게 해서는 안 된다. "이 또한 지나가리라", "고난은 변장된 축복"이라는 말도 절제하자.

자신이 인생의 모든 질문에 다 대답할 수 있다는 착각에 빠진 사람이 있다. 혹은 모든 질문에 다 대답해주어야만 한다는 강박증에 시달리는 사람도 있다. 또한 고난에 대해 적극적이고 도전적인 말을 함으로써 도움을 줄 수 있다고 생각하는 사람도 있다.

잘못하면 고난당하는 친구에게 죄책감을 심어주기도 하고, 자신의 우월한 신앙의식을 드러내기도 한다. 수많은 목사님과 신학자들이 답하지 못한 문제들, 심지어는 하나님께서 성경을 통해 밝히 보여주지 않으신 사실까지도 자신이 다 알 수 있는 양 말하면 교만이다.

현대 철학의 새로운 흐름을 제시한 언어 철학자 비트겐슈타인은 세계를 언어로 명제화할 수 있다고 믿었으나 언어로 표현할 수 없는 것들이 있다는 것을 알게 된다. 그리하여 그의 명저 《논리철학 논고》(Tractatus Logico-Philosophicus)의 마지막 구절을 철학사에 남는 유명한 말로 장식한다.

"말할 수 없는 것에 관해서는 침묵해야 한다."

깊은 고난을 당한 사람은 기상나팔 소리, 큰 소리, 바른 소리가 귀에 들리지 않는다. 함께 있어주는 무음(無音)의 소리, 침묵의 소리가 사랑을 보여주는 가장 위대한 소리다.

들어주고 같이 울어주는 것

… 우는 자들과 함께 울라

롬 12:15

비를 맞고 가는 사람을 멀찍이 서서 그림 보듯, 풍경을 보듯 바라보기만 하는 사람이 있다. 멀찍이 서서 "비를 맞지 말아요. 비옷을 입든지 우산을 쓰세요" 하는 사람이 있다. "비 맞으면 감기 걸려요" 하는 사람도 있다.

반면, 비 맞는 사람에게 우산을 건네주는 사람이 있다. 고마운 사람이다. 가장 고마운 사람은 우산을 받쳐주며 같이 걸어가는 사람이다.

처음 신앙생활을 할 때는 대부분 자기 일 때문에 운다. 억울해서 울고 서러워서 운다. 실패해서 울고 초라해서 운다. 하지만 신앙이 무르익으면서 하나님 때문에 울고 불쌍한 영혼 때문에 운다.

나는 담임 목회를 처음 시작할 때 성도님들에게 "선한 목자가 되겠습니다"라고 약속했다. 그 약속을 한 지 20년이 더 지났지만 그 약속을 잊은 적은 없다. 그리고 늘 "선한 목자란 무엇인가?"를 주님께 여쭈었다.

그러나 여전히 나는 선한 목자가 아닌 것 같다. 내가 우는 것은 거의 다 나의 일 때문이었다. 그런데 언제부터인가 성도님들이 안쓰럽고 불쌍해서 마음이 아파왔다.

정말 이상했다. 내 일인 양 잠도 못 자고, 자다가도 깨어나고, 심지어는 몸까지도 아팠다. 양들을 위해 울고, 양들과 같이 울고, 젖은 눈과 젖은 마음으로 양들을 돌보는 것이 목자의 삶이라는 것을 느낀다.

아픔을 느껴야 목자다. 아픔 없는 능력은 '꾼'이 되게 하지만, 아픔을 느끼는 능력은 '목자'가 되게 한다.

말로 쉽게 위로하거나 고통에서 신속히 벗어나게끔 할 수 없다. 충분히 절규하도록 도와야 한다. 하나님 앞에서 아픔에 대해 충분히 슬퍼하는 자만이 오히려 스스로 눈물을 닦을 힘을 얻을 수 있기 때문이다. 참된 치유의 힘은 진정한 애도에서 비롯된다.

그저 같이 울어주고, 손을 잡아주고, 곁에 있어줄 뿐이다. 그것도 아니라면 울부짖는 소리를 먹먹한 마음으로 들어줄 뿐이다. 고통스러운 자신의 심정을 털어낼 수 있는 경청의 시간을 내어주는 일이다.

그 외에 다른 방법이 있다면 나에게 알려주면 정말 좋겠다. 우는 사람과 함께 울며 아파하는 사람과 함께 아파하는 것, 이것이야말로 고통당하는 자들에게 해줄 수 있는 좋은 대답이다.

종소리를 깊게 한 건 종 밑에 비워둔 큰 항아리가 함께 울어주어서다. 그리고 종소리를 들은 바람과 나무와 풀들이 같이 울어주어서다.

중보 기도

여기, 고통을 당한 자 앞에서 우리가 할 수 있는 최고의 일이 있다. 바로 중보 기도다. 이것은 고통당하는 친구에게 줄 수 있는 최고의 선물이다. 침묵도 좋고 경청도 좋다. 같이 울어주는 것도 좋다. 그러나 최고로 좋은 것이 바로 중보 기도다.

그러나 내가 너를 위하여

네 믿음이 떨어지지 않기를 기도하였노니

너는 돌이킨 후에 네 형제를 굳게 하라

눅 22:32

너희 중에

고난당하는 자가 있느냐

그는 기도할 것이요

즐거워하는 자가 있느냐

그는 찬송할지니라

너희 중에 병든 자가 있느냐

그는 교회의 장로들을 청할 것이요

그들은 주의 이름으로 기름을 바르며

그를 위하여 기도할지니라

믿음의 기도는 병든 자를 구원하리니

주께서 그를 일으키시리라

혹시 죄를 범하였을지라도 사하심을 받으리라

그러므로 너희 죄를 서로 고백하며

병이 낫기를 위하여 서로 기도하라

의인의 간구는 역사하는 힘이 큼이니라

약 5:13-16

인본주의자들은 침묵하고 같이 울어주는 의미를 잘 안다. 그러나 기도를 모른다. 침묵하고 같이 울어주는 것은 좋은 일이지만, 그것을 넘어 기도해주어야 한다.

신구약 성경의 모든 골짜기와 평원에 기도에 대한 말씀이 얼마나 넘쳐나는가. 그리고 기도의 힘에 대해 얼마나 강조하는가. 기도해주고 기도해주자. 그것이 최상이다. 더 이상 무슨 말이 필요하겠는가.

2장

죄로 인한 고난

누구나 소년 시절은 눈록색 어린 새싹, 설레는 봄, 파란
물감, 순수 자체다. 나이가 들수록 고양이처럼 살금살금
다가온 죄의 유혹들 속에 얼굴을 닦아보면 어느덧 손수건
에 죄가 묻어난다. 한 그릇의 육신의 정욕, 안목의 정욕, 이
생의 자랑을 얻기 위하여 나는 몇 번이나 죄를 짓고 몇 번
이나 자신을 속였는가.

　죄가 있어 매를 맞고 참으면
　무슨 칭찬이 있으리요 …

　벧전 2:20

　모든 고난이 죄로 인한 고난인 것은 결코 결코 아니다.

그러나 분명 죄로 인한 고난이 있다.

죄의 징계도 고난처럼 보인다

"죄를 지으면 염산(acid)을 심장에 품고 사는 것과 같다" 라는 말이 있다. 죄를 지은 사람은 맑은 아침 공기 속에서도, 고요한 저녁 은은한 풀 내음과 바람의 속삭임 속에서도 마음이 편치 않다. 정호승 시인이 〈속죄〉라는 시에서 표현했듯 "오늘도 새들이 내 얼굴에 침을 뱉고" 가는 듯한 괴로움을 느낀다.

요셉의 형들의 경우를 보자. 요셉을 팔아넘긴 형들은 훗날 애굽의 총리가 된 요셉 앞에 서게 되지만, 오랜 세월이 흘렀고 요셉을 알아보지 못한다.

요셉은 이들이 진심으로 회개했는가 테스트한다. 동생 베냐민을 데려오라고 하고, 데려온 동생의 자루에 은잔을 넣어 도둑이라고 하며 억류하려 한다. 이런 일련의 사태 속에서 형들은 이런 고백을 한다.

그들이 서로 말하되
우리가 아우의 일로 말미암아 범죄하였도다

그가 우리에게 애걸할 때에

그 마음의 괴로움을 보고도 듣지 아니하였으므로

이 괴로움이 우리에게 임하도다

창 42:21

"우리가 범죄하였도다"라는 구절의 히브리어 원어에는 '아발'이라는 단어가 들어 있다. 그래서 "아발 아쉐밈 아나흐누", 즉 "진실로 우리가 범죄하였도다"가 된다.

또한 그들은 "그가 우리에게 애걸할 때에 그 마음의 괴로움을 보고도 듣지 아니하였으므로 이 괴로움이 우리에게 임하도다"라고 말한다. 20년 전의 일인데도 생생하게 기억한다. 당시 요셉이 겪었던 '괴로움'이 지금 우리에게 임한 그 '괴로움'이라는 뜻이다.

르우벤이 그들에게 대답하여 이르되

내가 너희에게 그 아이에 대하여

죄를 짓지 말라고 하지 아니하였더냐

그래도 너희가 듣지 아니하였느니라

그러므로 그의 핏값을 치르게 되었도다 하니

창 42:22

큰형 르우벤은 그의 핏값을 치르게 되었다고 말한다. 눈엣가시 같던 요셉을 팔아넘겼지만 발을 쭉 뻗고 자지 못했다는 거다. 죄의 결과로 임한 마음의 고통, 고난이다.

다윗의 경우를 보자.

다윗은 충신 우리아의 아내 밧세바를 범한다. 그 결과 밧세바와의 사이에 낳은 첫아이가 죽는다. 큰아들 암논이 이복누이동생 다말을 겁탈한다. 그 일로 다말의 오빠이자 다윗의 셋째 아들인 압살롬이 암논을 죽인다. 설상가상으로 압살롬이 반역을 일으킨다. 신하 아히도벨이 그 모반에 참여한다. 그리고 베냐민 사람 세바가 또 반역한다.

압살롬의 반역으로 도망가던 중 사울의 집 족속인 시므이가 막말을 하며 다윗을 저주한다.

시므이가 저주하는 가운데 이와 같이 말하니라
피를 흘린 자여 사악한 자여 가거라 가거라

삼하 16:7

다윗도 충분히 느꼈을 것이다.
'이건 내 죄 때문이다.'

특히 압살롬의 반역이 가슴 아팠다. "용모가 빼어나고 아름다웠더라"라는 표현을 할 정도의 성경 속 4대 미남이 있다. 요셉, 사울 왕, 다윗 왕, 그리고 압살롬(삼하 14:25,26)이다. 압살롬은 다윗이 가장 사랑하던 아들 중 하나였고, 총명하고 뛰어났다. 이 아들에게서 배반을 당한다. 압살롬의 반역 속에 이스라엘의 민심도 다윗을 떠난다.

> … 반역하는 일이 커가매
> 압살롬에게로 돌아오는 백성이 많아지니라
>
> 삼하 15:12

아무리 가슴 아프게 해도 자식은 자식이다. 반역이 수습되어 가는 과정에서 다윗은 압살롬의 안부를 제일 먼저 묻고 압살롬을 죽이지 말라는 명령도 내린다. 그러나 압살롬은 죽임을 당하고 다윗은 피맺힌 절규를 한다.

> … 내 아들 압살롬아 내 아들 내 아들 압살롬아
> 차라리 내가 너를 대신하여 죽었더면,
> 압살롬 내 아들아 내 아들아 하였더라
>
> 삼하 18:33

"내 아들 압살롬아, 내 아들 압살롬아…"

이 모든 것은 죄에 대한 징계였다. 하나님이 보시기에 징계이고, 사람이 보기에는 고난이다.

독약이 '단거'인가?

현명한 고참 쥐가 죽기 전에 후배 쥐들을 모아놓고는 가장 경계해야 할 것에 대해 유언을 했다. 고양이도 나이 들면 그저 같이 늙어가는 이웃일 수 있고, 쥐덫도 그 나이가 되면 분간할 줄 알지만, 쥐약은 다르다는 것이다.

무서움을 다채롭게 위장한 쥐약. 전혀 쥐약처럼 보이지 않는 쥐약. 더 나아가, 먹으면 뿌듯하고 행복할 것 같은 쥐약. 그놈의 쥐약은 나이 들어 죽을 때가 되어도 가장 치명적인 적이라고 하였다.

사탄은 쥐약처럼 우리를 유혹한다. 사탄이 만일 검은 망토를 걸치고 입에 칼을 물고 피를 뚝뚝 흘리며 서 있다면 사람들은 금세 알아차릴 것이다. 그러나 사탄은 전혀 사탄스럽지 않게 우리에게 접근한다. 마치 빛나는 쥐약처럼 멋지게 보이며 다가와 우리를 파괴하려 한다.

고양이도 문제가 아니다. 쥐덫도 아니다. 빛나는 쥐약이 문제다. 쥐약을 삼겹살로 알고 덥석 물면 안 된다. 쥐약의 문제가 무엇인가? 쥐약같이 보이지 않는다는 것이다. 악한 마귀가 우리를 유혹하는 것이 무엇인가? 죄를 죄같이 보이지 않게 하는 유혹이다.

절대 기준을 없애버리는 포스트모더니즘 시대의 현대인들은 성경의 절대 권위를 인정하지 않고 죄를 죄로 여기지 않고 다른 용어를 만들어 내었다. 즉, 죄라는 소리를 싫어해서 여러 가지 심리학적 사회학적 용어를 개발했다. 죄를 죄같이 여기지 말라는 유혹이다.

미국의 저명한 정신의학자 칼 메닝거 박사는 그의 저서 《도대체 죄는 어떻게 되었는가?》(Whatever Became of Sin?)에서 '죄'라는 단어는 물론 그 개념까지 사라지고 있는 현대 사회를 경고했다. '죄'는 그간 인간 삶의 중심 잣대 역할을 하는 강하고 무거운 단어였는데 이제 사람들은 죄에 대한 언급을 거의 듣지 못한다는 것이다.

> "'죄'라는 단어 자체가 거의 사라졌다. (중략) 단어와 더불어 개념까지. 그 이유는 무엇인가? 누구도 더 이상 죄를 짓지 않기 때문인가?" [11]

---

11) Karl A Menninger, 《Whatever Became of Sin?》, 저자 사역(Hawthorn Books,Inc. 1973), p.14.

이제 아무도 죄를 짓지 않아서 죄라는 개념조차 사라져가는가? 당연히 그렇지 않다. 주홍 같은 죄가 지금도 넘쳐난다. 그런데 죄라는 단어가 세속화된 사회에서 급속히 사라졌고, 그 결과 '죄'나 '악'과 같은 도덕적, 신학적 용어는 '범죄'(crime)나 '증상'(symtom), '질병'(illness) 같은 사회 심리학적 용어로 대체되어 버렸다는 것이다.

미국 의회는 대통령에게 매년 국가 기도의 날을 선포하도록 결정했다. 이에 트루먼 대통령은 1952년에 이를 시작했다. 메닝거 박사가 여기서 특별히 주목하는 사실이 있다.

해마다 발표되는 기도의 날 기념 대통령 선언문에서 '죄'라는 말이 언급된 것은 1953년 아이젠하워 대통령의 선언문이 마지막이라는 것이다. 그것조차도 1863년 링컨 대통령이 전 국민에게 기도를 요청한 말에서 인용한 것이었다.

이에 대해 메닝거 박사는 "그래서 우리는 국가적으로 공식적으로 20년 전에 '죄짓는 것'(sinning)을 끝냈다"[12] 라고 말했다. 우리가 죄짓는 것을 끝내다니. 과연 우리는 죄를 짓고 있지 않는 것일까.

메닝거 박사가 프린스턴 신학교의 스톤 강연(Stone Lectures)에 초청을 받아 강의했는데, 많은 신학생이 회의에 빠져 있

---

12) Karl A Menninger, 같은 책, p.16.

는 것을 보고 놀라게 된다. 그들이 회의에 빠진 이유는 '죄'라는 말이 서서히 사라짐에 따라 목회자가 무슨 일을 할 수 있을까 하는 의구심에서였다.

"이전에는 '죄'(예를 들면, 폭식)라고 간주되던 많은 비정상적 행동이 이제는 내재된 심리적, 사회적 조건의 증상으로 간주되며, 다른 행동들(예를 들면, 혼전 동거)은 사회적으로 널리 용인되고 있기 때문에 더 이상 죄로 분류되지 않는다. (중략) 이처럼 악의 책임이 죄로부터 증상으로 이동했다는 것은 이제 사람들이 문제를 이해하는 이들에게서 도움을 구할 가능성이 더 높아졌음을 뜻한다. 문제가 더 이상 죄가 아니라 내재된 심리적, 사회적, 심지어는 생물학적 조건이라면 '목회자가 어떤 독특한 도움을 줄 수 있을까? 목회자가 어떤 독특한 서비스를 제공할 수 있을까?' 하는 의문이 생긴다." [13]

즉, 전에는 당연히 '죄'라고 여기던 일들을 언제부터인가 '범죄', '질병'이라고 부르면서, 죄의 일을 다루어야 할 신학

___

13) 케빈 벤후저 & 오언 스트래헌, 《목회자란 무엇인가》, 박세혁 역(포이에마, 2016), p.26-27.

생들의 사역이 경찰이나 의사나 심리학자에게로 넘어가면서 신학생들이 허탈감을 느꼈다는 것이다.

'죄'는 당연히 도덕적 책임을 져야 한다. 반면 '질병'이라고 하면 책임의 여부가 없어진다. 메닝거는 '죄'를 인정하는 것이 개인과 사회의 정신적, 도덕적 회복의 시작점이라고 본다. 퓰리처상을 받은 미국의 시인이자 동화 작가인 필리스 맥긴리(Phyllis McGinley)도 말한다.

"죄를 질환으로 보는 것은 악마의 가장 잔인한 최신 무기다."

성경에서 말하는 '죄'는 죄인 것이지 '증상'이나 '질병'이 아니다. 죄는 죄다. '죄'에 대한 거부는 하나님에 대한 거부다.

다만 네 고집과 회개하지 아니한 마음을 따라
진노의 날 곧 하나님의 의로우신 심판이 나타나는
그날에 임할 진노를 네게 쌓는도다
롬 2:5

선악과를 따먹는 죄를 범했을 때 아담과 하와는 동시에 세 가지 죄를 저질렀다. 첫째, 실제로 선악과를 먹은 죄, 둘째, 죄를 회개하지 않은 죄, 셋째, 자신의 죄를 남에게 전가하는 죄다.

아담은 하와 때문이라고 했고, 하와는 뱀 때문이라고 했다. 지금 우리도 전가하고 있다. 이건 죄가 아니라고. 이건 그저 '질병'이나 '증상'일 뿐이라고.

여기 독약이 든 병이 있다고 하자. 그렇다면 '독약'이라고 분명히 표기해야지, '먹지 않으면 좋을 약'이라든지 '먹으면 좋지 않은 약' 등으로 적어서는 안 된다. 심지어 고상하게 보이려고 영어로 '위험하다'라는 뜻인 '데인저'(Danger)라고 표기했다면 영어가 짧은 사람은 '단거'로 읽어서 냉큼 먹을 수도 있다.

다시 강조하지만 죄는 죄다. 그 어느 시대를 만나도 죄를 죄로 말하고 회개의 중요성을 선포하는 일은 목회자의 가장 중요한 사명 중의 하나다.

안타깝게도 사람들과 성도들이 '죄'라는 거친 말을 싫어하는 경향 때문에 교회에서조차 죄의 개념이 사라져가고 있다. 메닝거 교수는 적어도 교회와 성직자만큼은 그 본연의 임무인 '죄 선언'을 해야 한다고 말한다.

"교회가 아니라면 사회가 '회개'하도록 하는 일은 누구의 일이겠는가?"[14]

함민복 시인의 시 〈죄〉 중에 이런 구절이 나온다.

오염시키지 말자
죄란 말
칼날처럼
섬뜩 빛나야 한다
건성으로 느껴
죄의 날 무뎌질 때
삶은 흔들린다[15]

인류 역사에 변하지 않는 진리 두 가지가 있다. 첫째, 인간은 하나님을 떠나 죄에 빠져 있다는 것이고, 둘째, 예수님이 이 죄의 문제를 해결하실 유일한 분이라는 것이다.

세례 요한은 예수님의 길을 예비하도록 이 땅에 보내진 존재다. 요한은 예수님을 보고 이렇게 외쳤다.

---

14) Karl A Menninger, 같은 책, p.194.
15) 함민복, 《꽃보대》, (대상, 2011), p.156.

이튿날 요한이

예수께서 자기에게 나아오심을 보고 이르되

보라 세상 죄를 지고 가는 하나님의 어린양이로다

요 1:29

이 구절은 이 세상에 대한 진단과 그 해결책을 말해주는 명쾌한 구절이다. 이 세상은 하나님을 떠나 자신이 주인이 되어 살아가며 온갖 죄를 저지르고 있는 세상이다. 이 죄를 해결하기 위해 예수님이 오셨다. 예수님이 지신 십자가는 죄 용서의 십자가다. 십자가 없는 기독교는 존재할수 없듯이 죄에 대한 언급이 없는 기독교 또한 그러하다.

독약은 독약이지 '단거'가 아니다.

죄는 질병과 증상이 아니라 죄다.

죄로 인한 고난, 극복은 오직 회개뿐

죄 때문에 고난당하면 무조건 회개해야 한다!

'회개'에 해당하는 히브리어는 '슈브'이고, 헬라어는 '메타노이아'다. '생각과 마음을 바꾸어 잘못된 길에서 돌이켜 방향을 전환하는 것'을 뜻한다.

가룟 유다는 죄짓고 망한 것이 아니라 회개하지 않아서 망했다는 말이 있다. 출애굽 당시 애굽 왕 바로가 빨리 회개하였으면 10가지 재앙을 다 맞지 않았을 것이다. 죄 때문에 고난을 당하면서도 엉뚱한 해석을 하면 안 된다. 그러면 답이 안 나온다.

알콜 중독자는 "나는 알콜 중독자입니다"라는 고백을 시작으로 치유가 시작된다. "죄를 지어서 죄송합니다"라는 고백으로부터 죄의 치유가 시작된다.

이런 유머가 있다. 달도 없는 어두운 밤에 군함 한 척이 항해하고 있었다. 정면에 불빛이 보였다. 군함 정면에 나타난 불빛을 보고 함장은 빛으로 신호를 보냈다.

"방향을 서쪽으로 10도 돌려라!"

상대도 빛으로 답신을 보냈다.

"당신이 방향을 동쪽으로 10도 돌려라!"

화가 난 함장은 다시 신호를 보냈다.

"나는 해군 함장이다. 네가 방향을 돌려라!"

상대가 다시 신호를 보내왔다.

"나는 해군 일병이다. 그쪽에서 방향을 돌려라!"

화가 끝까지 난 해군 함장은 최후의 신호를 보냈다.

"이 배는 전함이다. 절대 진로를 바꿀 수 없다!"

그러자 상대도 마지막 신호를 보냈다.

"여기는 등대다. 네 맘대로 해봐라!"

정말 돌이키고 바뀌어야 하는 것은 내 자신인데, 남 탓을 하고 하나님 탓을 하면 어찌 되겠는가. 내가 바뀌는 것, 그리하여 새로운 항해를 하는 것이 회개다.

나쁜 짓을 한 아들이 아버지 앞에 불려 왔다. 아버지는 아무 말도 하지 않고 아들을 교회로 데려갔다. 자식을 잘못 가르친 것을 하나님 앞에 백배사죄하고는 회초리로 자신의 종아리를 사정없이 치기 시작하였다. 아들은 아버지 앞에 무릎을 꿇고는 눈물을 흘리며 참회하였다.

20년 후 그 아들이 한 아들의 아버지가 되었다. 그의 아들도 말썽꾸러기였다. 밤낮 사고를 저질러 부모의 마음을 아프게 하였다. 아무리 타일러도 듣지를 않았다.

아버지는 자신의 어린 시절이 떠올랐다. 아버지는 회초리 하나를 만들었다. 아들이 또 나쁜 짓을 저질렀다. 아버지는 아들을 불러 놓고는 그가 보는 앞에서 자신의 바지를 걷어 올렸다. 그리고는 눈물을 흘리며 회초리로 자신의 다리를 사정없이 내려치기 시작하였다.

갑작스러운 상황에 놀란 아들이 뛰어가면서 외쳤다.

"엄마! 아빠가 미쳤나 봐. 빨리 와 봐!"

회개하지 않고 아빠가 미쳤다고 한다.

거장 김수영 님의 시 〈절망〉에서는 진짜 절망에 대해 이렇게 말한다.

풍경(風景)이 풍경(風景)을 반성하지 않는 것처럼

곰팡이 곰팡을 반성하지 않는 것처럼

여름이 여름을 반성하지 않는 것처럼 (중략)

절망은 끝까지 그 자신을 반성하지 않는다. [16]

"절망은 끝까지 그 자신을 반성하지 않는다"라는 사실이 진짜 절망이다. 지성이란 이런 절망을 넘어 자기반성을 할 줄 아는 능력을 의미한다. 영성은 더욱 그러하다. 회개할 줄 아는 영성이 가장 건강한 영성이다. 세상에서 가장 큰 기적이 있다면 그것은 회개의 기적이다.

우리는 모두 눈이 밝아져 '남의 죄'를 잘 본다. 그러나 자신의 죄를 보지 못한다. 바리새인의 대표적인 메마른 기

16) 김수영, 《김수영 전집 1》, 이영준 엮음(민음사, 2018), p.271.

도를 보자. 나는 의인, 저 사람은 죄인이라고 한다. 자신의 죄를 보지 못한다.

… 하나님이여 나는 다른 사람들
곧 토색, 불의, 간음을 하는 자들과 같지 아니하고
이 세리와도 같지 아니함을 감사하나이다

눅 18:11

최고의 저주는 자신의 죄를 깨닫지 못하는 것이다.

데일 카네기의 《데일 카네기 인간관계론》(How to Win Friends & Influence People)에는 미국 전역을 떨게 했던 희대의 살인마 '쌍권총' 크로울리(Crowley)에 대한 이야기가 나온다.

운전면허증을 요구한 교통 경관에게 총을 쏘고 확인 사살을 하는 등 하찮은 이유로 많은 사람을 죽여 악명 높았던 그는 최후 모습도 충격적이다.

전기의자에 의한 사형을 선고 받고 싱싱 교도소의 사형수 감방에 도착했을 때, 자신의 죄를 뉘우치기는커녕 "나자신을 지킨 것뿐인데 이 꼴이 되었다"라고 말했다.

미국 시카고의 암흑가를 지배한 잔인한 갱단의 두목으로 악명 높았던 알 카포네도, 뉴욕에서 가장 악명 높은 범죄자였던 더치 슐츠도 그런 말을 했다.

데일 카네기는 싱싱 교도소장으로 있던 루이스 로즈와 여러 편지를 주고 받았는데 로즈 소장도 "싱싱 교도소에서 복역 중인 죄수들 가운데 자신이 나쁜 사람이라고 여기는 죄수는 거의 없습니다. (중략) 왜 자신이 금고를 털지 않으면 안 되었는지, 왜 총을 쏘지 않으면 안 되었는지 (중략) 스스로를 합리화시키고, 자신들의 반사회적 행동이 정당했다고 여기며, 또 그렇기 때문에 감옥에 갈힐 이유도 없다는 생각을 버리려 하지 않습니다."[17] 라고 말했다.

임진왜란 후 유성룡은 《징비록》(懲毖錄)을 썼다.

징비록은 〈시경〉의 문구에서 따온 것으로, 징(懲)은 '징계하다, 벌주다'의 뜻이고, 비(毖)는 '삼가다, 경계하다, 조심하다, 근신하다'의 뜻이다. 임진왜란 당시의 문제점과 실책을 벌주어 그런 재앙이 다시 일어나지 않도록 조심한다는 의미를 담은 책 제목이다. '지난 잘못을 징계하여 후환을 경계한다'라는 의미로, 실패에서 배우라는 것이다.

저자 유성룡은 임진왜란 당시 영의정으로 전란을 지휘하면서, 승리보다 패했던 내용을 상세히 적었고, 신무기로

---

17) 데일 카네기, 《데일 카네기 인간관계론》, 강성복·장택진 공역(리베르, 2010), p.31-32.

무장한 일본군에 대한 객관적인 평가를 담았다.

그런데 정작 조선은 이 책에서 배우지 못한다. 오히려 일본 사람들이 징비록을 구해 더욱 살펴보았다. 조선은 잘못을 깨닫지 못한다. 돌이키지 않는다. 그 결과 30여 년 뒤에 임진왜란보다 더욱 암울한 병자호란을 또다시 겪는다.

사울과 다윗의 큰 차이가 있다. 둘 다 죄인이다. 문제는 회개가 있느냐 없느냐다. 죄의 자백 없는 사울은 망했다. 다윗은 죄를 자백하고 회개함으로 다시 일어서고 더 크게 쓰임 받게 된다. 이게 영적 원리다.

우리는 무엇을 이루거나 기막힌 것을 얻었을 때 "앗싸!"라고 외친다. 그런데 우리 인간이 가장 신이 나서 외치는 외침은 "앗싸!"보다 "홀가분하다"라는 것이다. 정말 힘들고 거추장스럽던 것을 떨쳐 냈을 때의 외침, "홀가분하다!" 하는 이것이 가장 신나는 말이다.

다윗이 그러하였다. 블레셋의 거인 골리앗을 물리쳤을 때, 기나긴 광야 생활을 마치고 마침내 왕이 되었을 때, 국토를 크게 넓혔을 때 아마 "앗싸!" 하고 외쳤을 것이다.

그러나 다윗이 가장 행복했을 때는 그때가 아니었다. 자신의 주홍빛 같은 죄악이 하나님 앞에서 용서를 받아

눈같이 희어졌을 때였다. 바로 죄를 씻고 홀가분할 때였다. 시편 32편이 바로 그 홀가분한 마음의 외침이다.

> 허물의 사함을 받고
> 자신의 죄가 가려진 자는 복이 있도다
> 마음에 간사함이 없고
> 여호와께 정죄를 당하지 아니하는 자는 복이 있도다
> 내가 입을 열지 아니할 때에
> 종일 신음하므로 내 뼈가 쇠하였도다
> 주의 손이 주야로 나를 누르시오니
> 내 진액이 빠져서 여름 가뭄에 마름같이 되었나이다 (셀라)
> 내가 이르기를 내 허물을 여호와께 자복하리라 하고
> 주께 내 죄를 아뢰고 내 죄악을 숨기지 아니하였더니
> 곧 주께서 내 죄악을 사하셨나이다 (셀라)
>
> 시 32:1-5

그렇다. 다윗의 가장 큰 기쁨은 죄 사함을 받은 기쁨이었다. 우리 인간의 가장 큰 기쁨은 예수님의 십자가 보혈로 죄 사함을 받는 기쁨이다. 그리고 우리의 수많은 죄악을 회개하여 용서를 받을 때다. 앗싸보다 홀가분이다.

그러므로 너희가 회개하고 돌이켜

너희 죄 없이 함을 받으라

이같이 하면 **새롭게**(유쾌하게, 개역한글) 되는 날이

주 앞으로부터 이를 것이요

행 3:19

'유쾌하게 되는 날'이란 매우 독특한 표현이다. 신구약을 통틀어 딱 한 번 나오는 '아나프시크시스'를 번역한 말이다. '위에' 또는 '다시'라는 뜻의 전치사 '아나'와 '호흡하다'라는 뜻의 '프쉬코'의 합성어로, 문자 그대로 번역하면 '호흡의 회복'을 뜻한다.

막혔던 호흡이 뚫리면 얼마나 상쾌하겠는가. '새롭게 되어'(refreshment)이며 '시원하다', '신선하다'라는 뜻이다. 회개하면 시원하다. 상쾌하다. 다시 원기가 솟는다.

회개는 '나는 하나님의 자녀다'라는 존재에 대한 자각이다. 오만 원짜리 지폐는 아무리 구겨져 있어도 오만 원이다. 먹구름이 있어도 태양은 존재한다. 먹구름만 제거되면 다시 빛나는 태양을 본다. 회개는 이와 같다.

세계 3대 부흥 운동이었던 '평양 대부흥'은 '회개 운동'이었다. 회개를 통해서 다시 하나님의 자녀답게 살아야 한다.

다윗이 아들 압살롬의 반역으로 도망칠 때 시므이는 다윗과 그의 신복을 향해 돌을 던지며 다윗을 저주했다. 아비새는 화가 나서 당장 시므이의 머리를 베어버리겠다고 말한다. 그러자 다윗은 이렇게 말한다.

"내 몸에서 난 아들도 내 생명을 해하려 하거든

하물며 이 베냐민 사람이랴

여호와께서 그에게 명령하신 것이니 그가 저주하게 버려두라

혹시 여호와께서 나의 원통함을 감찰하시리니

오늘 그 저주 때문에 여호와께서

선으로 내게 갚아주시리라"

삼하 16:11,12

이것이 다윗의 위대함이다. 다윗은 하나님께서 내리시는 징계를 잘 받은 사람이었다. 하나님의 징계를 은혜로 받을 줄 아는 사람이었다. 이를 통해 다윗은 새롭게 되고 다시금 하나님의 영광 속에 살게 된다.

징계의 목적은 처벌 아닌 회복

하나님은 사랑하는 자녀가 죄를 지었을 때 '징계'를 주신다. 하나님 편에서는 징계이고, 인간 편에서는 고난이다. 그러나 징계의 목적은 마침내 복을 주시기 위해서다.

15세 때에 가족과 함께 아우슈비츠에 강제 수용되었다가 홀로 살아남은 유대인 엘리 위젤(Elie Wiesel)은 평생을 기자, 작가, 교수로서 평화와 인권을 위해 살았다. 그가 했던 가장 유명한 말이 이것이다.

"The opposite of love is not hate, it's indifference."
사랑의 반대는 미움이 아니다. 무관심이다.

그는 지식의 반대말도, 신뢰의 반대말도 '무관심'이라고 했다. 즉, 현대 사회를 황폐케 하는 가장 악한 악은 '무관심'이라고 하였다. 그렇다. 사랑의 반대는 미움이 아니라 무관심이다. 교육의 반대도 무지가 아니라 무관심이요 아름다움의 반대도 추함이 아니라 무관심이다. 삶의 반대도 죽음이 아니다. 삶과 죽음에 대한 무관심이다.

만약 하나님께서 우리에게 무관심하셨더라면 예수님의 고난도 십자가도 없었을 것이며, 우리는 죄 가운데 살다 하나님의 영원한 진노와 심판을 받았을 것이다.

하나님은 당신의 자녀들이 범한 죄에 대하여 무관심하시지 않고 '징계'를 하신다. 친아들처럼 사랑하기에 징계하신다고 했다. 하나님이 우리 죄에 대해 무관심하셨다면 우리는 죄가 주는 쾌락의 구렁텅이에서 뒹굴며 살았을 것이다.

하나님은 혼을 내서라도 올바르게 돌아오게 하신다. 모르는 사람이면 상관하지 않는다. 친아들처럼 여기시니 상관하고 간섭하시는 것이다.

생명의 열매를 거두려고 하니까 포도나무를 가지 치는 것이다. 쓸데없는 가지를 잘라 버린다. 반면에 들에 피어 있는 잡초들은 그냥 자라도록 내버려둔다. 하나님은 우리를 잡초가 아니라 그분이 쓰시는 귀중한 포도나무로 보신다. 그래서 열매 맺으라고 잘라주시는 것이다.

죄로 인한 고난을 '징계'라고 한다. 하나님은 사랑하는 자녀에게 징계를 주신다.

주께서 그 사랑하시는 자를 징계하시고

그가 받아들이시는 아들마다

채찍질하심이라 하였으니

히 12:6

징계는 다 받는 것이거늘

너희에게 없으면 사생자요

친아들이 아니니라

히 12:8

악인의 형통보다 하나님의 징계가 축복이다. 최고의 심판은 하나님이 죄인을 그냥 내버려두시는 '유기'(遺棄)다. 로마서 1장에 반복되는 구절이 있다.

그러므로 하나님께서 그들을

마음의 정욕대로 더러움에 **내버려두사**

그들의 몸을 서로 욕되게 하게 하셨으니

롬 1:24

이 때문에 하나님께서 그들을

부끄러운 욕심에 **내버려두셨으니**

곧 그들의 여자들도

순리대로 쓸 것을 바꾸어 역리로 쓰며

롬 1:26

또한 그들이 마음에 하나님 두기를 싫어하매

하나님께서 그들을 그 상실한 마음대로 **내버려두사**

합당하지 못한 일을 하게 하셨으니

롬 1:28

"내버려두사!" 이것이 가장 큰 저주다.

인과응보가 아니다. 그 채찍을 통해 하나님께로 돌아오게 하시기 위해서다.

김조규 시인은 〈기만의 기만〉이라는 시에서, 친구를 속이고 연인을 기만하며 산 사람은 마침내 자신에게도 진실하지 못해 자기 입에서 흘러나온 휘파람까지 허위로 들리게 된다고 하였다.

거짓의 죄는 남을 속이는 것이지만, 결국 나를 속이게 된다. 거짓이 일상이 되면 거짓말을 하고도 스스로 진실이라고 믿어버린다. 하나님은 사랑하는 당신의 자녀를 이렇게 내버려두지 않으신다. 어떻게 하든 돌이키게 여러 사인을 주신다.

하나님은 징계를 통해 돌이키게 하신다.

처벌과 징계는 다르다. 징계는 잘못에 대한 형벌을 부가하는 것이 초점이 아니라 교정하는 데 방점이 있다. 성장과 성숙을 위한 훈련이다. 처벌은 과거에 초점이 있지만 징계는 현재와 미래의 행위에 있다. 처벌에는 분노가 묻어 있지만, 징계에는 사랑과 관심이 묻어 있다.

우리가 받는 징계는 소망 어린 징계요 성장이 있는 징계이며 거룩을 위한 징계다. 과거에 대한 처벌이 아니라 미래의 영광스러운 모습을 위한 훈련이라는 뜻이다. 미래가 있으니까 징계도 의미가 있다는 것이다.

무릇 징계가 당시에는
즐거워 보이지 않고 슬퍼 보이나
후에 그로 말미암아 연단 받은 자들은
의와 평강의 열매를 맺느니라

히 12:11

좋은 날을 주시기 위해서다.

죄 위에는 하나님의 영광이 임하지 않는다. 하나님은 우리에게 늘 복을 주시려 하지만 '죄'가 복을 막고 있다.

너희 허물이 이러한 일들을 물리쳤고

너희 죄가 너희로부터 좋은 것을 막았느니라

렘 5:25

그래서 죄를 회개하고 주님으로부터 좋은 것을 받아야 한다.

여호와의 말씀이니라

너희를 향한 나의 생각을 내가 아나니

평안이요 재앙이 아니니라

너희에게 미래와 희망을 주는 것이니라

렘 29:11

하나님은 사랑하시는 자를 징계하신다. 그 징계를 통해 하나님의 백성이 정금같이 나오기를 원하신다. 징계를 통해 그분의 백성이 죄의 유혹에서 벗어나 주께 돌아오게 만드신다. 징계를 통해 하나님의 사랑을 깨달아 더욱 충성하고 더욱 무장하여 영적 싸움에서 승리하기를 원하신다.

회개의 순간

그렇다면 우리는 언제 회개하는가? 회개하는 여러 순간이 있지만, 성령님의 은혜로 하나님의 사랑을 깊이 느낄 때 깊이 회개하게 된다.

가수 김창완 씨가 작사 작곡한 〈어머니가 참 좋다〉라는 노래가 있다.

개구쟁이 아들은 엄마와 시장 가는 것이 좋았다. 신통방통한 것들이 개구쟁이의 마음을 홀린다. 결국 엄마를 잃어버리고 파출소에서 보호를 받게 되었다. 울며불며 앉아 있는 아이를 순경들이 아무리 달래도 소용이 없었다. 마침내 엄마가 달려왔다. 엄마는 아들을 때리면서 우신다.

"어디 갔었니, 이 자식아. 속 좀 엔간히 태워라."

아들은 어머니가 참 좋다. 때리는 어머니가 참 좋다. 나 없으면 못 사신다는 어머니가 너무나 좋다. 이 어머니의 사랑을 느낄 때 "엄마, 잘못했어요" 하며 품에 안긴다.

하나님은 당신의 자녀들이 잘못했을 때, 친아들처럼 사랑하기에 징계하신다. 혼을 내서라도 올바르게 돌아오게 하는 것이다. 징계를 하시되 울며 매를 드신다. 꽃으로 살살 때리신다. 매를 드시는 하나님은 더욱 아프시다.

미국의 저명한 기독교 동화 작가 월터 웽거린(Walter Wangerin, Jr.)에게는 매튜라는 사랑하는 아들이 있었다. 매튜는 만화책을 무척이나 좋아했다.

그가 하루는 도서관에서 만화책을 몇 권 훔쳐 왔다. 아버지는 엄하게 꾸중했다. 그런데 이듬해에도, 그리고 그다음 해에도 또 만화책을 훔쳐 왔다. 아버지는 더 이상 그대로 둘 수 없었다. 아들을 서재로 데리고 갔다.

"매튜, 아빠는 아직까지 너에게 회초리를 든 적이 없다. 그러나 오늘은 너에게 도둑질하는 것이 얼마나 나쁜 일인가를 가르쳐주어야겠다."

그리고는 호되게 매질을 하였다.

"반성하며 혼자 있거라. 아버지는 나갔다가 잠시 후에 들어오겠다."

아들을 서재에 두고 나온 아버지는 사랑하는 아들의 비뚤어진 모습이 너무나 안타까워 어린아이처럼 울었다.

몇 년 후, 매튜가 어머니와 지난 이야기를 하게 되었다.

"엄마, 나는 아버지와의 그 일 이후로 다시는 도둑질을 안 했어요."

"그때 아버지에게 매 맞은 것이 그렇게 아프고 무서웠니?"

"엄마, 그래서가 아니에요. 나는 그때 아버지가 우시는 소리를 들었어요."

사람이 변화되는 순간은 사랑과 진실 그리고 그 사랑에 따른 눈물을 받았을 때다. 아버지의 눈물이 아들 매튜를 변화시켰듯이, 예수님의 십자가의 피가 사람을 변화시킨다. 예수님의 사랑은 희생과 고통 그리고 눈물의 사랑이었다. 하나님은 자녀를 징계하시면서 피눈물을 흘리신다. 그래도 자녀는 돌아서질 않는다. 그래서 하나님이 대신 징계를 받으셨다. 그것이 바로 예수님의 십자가다.

베드로 사도는 3년 동안이나 섬기던 스승을 부인하며 배반하였다. 흔히들 베드로는 닭 우는 소리에 스승인 예수님이 생각나 통곡하며 울었다고 생각하지만 그렇지 않다.

주께서 돌이켜 베드로를 보시니 베드로가
주의 말씀 곧 오늘 닭 울기 전에
네가 세 번 나를 부인하리라 하심이 생각나서
밖에 나가서 심히 통곡하니라

눅 22:61,62

닭의 울음 때문이 아니다. "주께서 돌이켜 베드로를 보시니" 이것이 그의 회복의 시작이었다. 주님은 몸을 돌려 배반한 베드로를 바라보셨다. 주님의 시선을 대하자 밖에 나가서 통곡하며 울기 시작한다. 베드로의 회개의 시작이다. 그날 베드로를 주목하시던 예수님의 시선은 한없는 자비와 긍휼의 시선이었다.

"그래, 나를 팔아라. 나를 밟아도 좋다. 그래도 나는 너를 사랑한다. 나는 너를 위해 십자가에 못 박혀 죽나니…"

그런 주님의 시선과 베드로의 시선이 맞닿는 순간 베드로는 통곡하기 시작한다.

아직 완벽한 회복은 되지 않았다. 그러나 회개는 이미 시작되었다. 야사(野史)에 따르면 이날 베드로는 온종일 울며 주님을 쫓아다녔다. 그리고는 진정한 제자의 자리로 서서히 돌아오게 된 것이다.

죄로 인한 고난은 회개해야 한다.

회개하여 고난의 벽을 밀치면 다리가 된다.

3장

선을 행함으로 받는 고난

… 선을 행함으로 고난을 받고 참으면
이는 하나님 앞에 아름다우니라

벧전 2:20

'선을 행함으로 당하는 고난'이 있다.

세상의 길이 아닌 하나님의 길을 택함으로 당하는 고난
이다. 나 스스로 선택해서 당하는 선택적 고난, 자원적 고
난이다. 최고로 가치 있는 고난이요 가장 영광스러운 고
난이다. 할 수 없어 당하는 것이 아니다. 피할 수 있었지만
사랑하기 때문이요 신앙 때문이요 진리 때문에 받은 고난
이다.

어둠은 빛을 싫어한다

성도는 세상 사람들과는 다른 기준과 가치관으로 이 세상을 살아가기 때문에 핍박을 받고 고난을 당한다. 어둠은 빛을 싫어한다. 빛이 오면 자신의 실체가 드러나기 때문이다.

악을 행하는 자마다
빛을 미워하여 빛으로 오지 아니하나니
이는 그 행위가 드러날까 함이요
요 3:20

모두가 거짓된 사람들뿐인데 진실한 사람이 들어오면, 모두 다 찡그린 얼굴들뿐인 곳에 환한 봄 같은 미소의 사람이 들어오면, 자기밖에 모르는 이기적인 사람들 사이에 배워서 남 주는 사람이 들어오게 되면 미움을 받게 된다.

의인이 악인의 곁에 있으면 악인의 죄가 드러난다. 그러기에 어둠에 속한 사람은 주위의 모든 사람이 다 악인이고 죄인이기를 바란다. 그래야 자신의 죄가 정당화되는 것 같기 때문이다.

존 밀턴의 《실낙원》(Paradise Lost)을 보면, 타락하여 쫓겨

난 타락 천사들은 천국에 대한 공격을 위해 토론을 벌인다. 당장에 공격을 개시하자는 자도 있고, 말리는 자도 있었다. 결국 사탄이 제안한 제3안이 채택된다.

그것은 에덴동산에 살고 있는 아담과 하와를 유혹하여 이로써 하나님께 복수하자는 것이다. 즉, 하나님이 아끼는 사람을 유혹하여 하나님을 거역하게 하고, 사람들을 자기들의 하수인으로 만들어 계속 죄를 짓게 해서 죄가 가득한 세상을 만들자는 것이다.

죄인은 혼자 죄짓기를 싫어한다. 될 수 있으면 모든 사람이 죄인 되기를 바라며 심지어 자기보다 더 큰 죄인이 되기를 바란다. 그래야 자기 죄가 더 작아 보이기 때문이다.

이렇듯 악인들은 밝은 것이나 선한 일을 좋아하지 않기 때문에 선한 사람들이 고난을 받게 되는 것이다. 주님도 이렇게 말씀하셨다.

세상이 너희를 미워하면
너희보다 먼저 나를 미워한 줄을 알라
너희가 세상에 속하였으면
세상이 자기의 것을 사랑할 것이나
너희는 세상에 속한 자가 아니요

도리어 내가 너희를 세상에서 택하였기 때문에

세상이 너희를 미워하느니라

요 15:18,19

우리가 세상에 속하여 똑같은 가치관과 술수로 살아간다면 세상은 우리와 어깨동무를 할 것이다. 그러나 예수 그리스도를 십자가에 죽인 이 세상은 그리스도의 가르침대로 살아가는 우리를 좋아할 수가 없다.

무릇 그리스도 예수 안에서

경건하게 살고자 하는 자는 박해를 받으리라

딤후 3:12

사도 바울은 "우리는 세계 곧 천사와 사람에게 구경거리가 되었노라"(고전 4:9)라며 자신과 동역자들이 세상의 구경거리가 되었다고 말했다. '구경거리'라고 번역된 헬라어 '데아트론'에서 '씨어터'(theater 극장, 연극)라는 영어 단어가 나왔다. 세상은 성도들의 진지한 삶을 마치 극장 쇼를 보는 구경꾼들이 그러하듯 놀림거리로 여겨 웃고 조롱한다.

바울은 또한 '세상의 더러운 것'과 '만물의 찌꺼기'처럼 여김을 당했다고 하였다.

> 비방을 받은즉 권면하니
> 우리가 지금까지 세상의 더러운 것과
> 만물의 찌꺼기같이 되었도다

고전 4:13

세상은 신실한 성도들을 폐물, 쓰레기, 오물처럼 여겼다는 것이다.

사도행전에 나오는 초대 교회들은 세상을 향해 신선한 충격을 줄 정도로 깨끗하고도 당당한 삶을 살았다. 그러나 끝없이 세상의 조롱과 핍박을 받았다.

그러니 그리스도를 위하여 받는 우리의 고난을 이상히 여기지 말자. 세상이 예수님을 대했던 그대로 우리를 대한다면 그것은 실로 큰 찬사다. 그것은 우리가 그리스도의 고난에 참여하고 있음을 의미하기 때문이다.

> 의를 위하여 박해를 받은 자는 복이 있나니
> 천국이 그들의 것임이라

마 5:10

그렇다. 우리가 그리스도인이기 때문에 받을 수 있는 고난이 있다. 이것이야말로 가장 영광스러운 고난이다.

예수 믿고서 건강을 얻고 사업이 잘되고 성공하기를 바라는 사람이 많다. 주님의 은혜로 이런 좋은 일들이 있다면 얼마나 좋은가. 그러나 그것만이 신앙의 전부인 것은 아니다. 주님의 가치관으로 살아가기 위해 영광된 고난을 받는 것도 신앙의 큰길이다.

이 영광의 고난도 누구에게나 주어지는 것이 아니다. 하나님이 허락하시지 않으면 이 영광의 고난에 참여할 수 없다. 그래서 예수님의 제자들은 주님을 위해 이 고난을 기뻐했다.

사도들은 그 이름을 위하여 능욕 받는 일에
합당한 자로 여기심을 기뻐하면서 공회 앞을 떠나니라
행 5:41

… 선을 행함으로 고난을 받고 참으면
이는 하나님 앞에 아름다우니라
이를 위하여 너희가 부르심을 받았으니
그리스도도 너희를 위하여 고난을 받으사

너희에게 본을 끼쳐 그 자취를 따라오게 하려 하셨느니라

벧전 2:20,21

예수님을 사랑한 흔적

사도 바울은 자기 몸에 '예수의 흔적'이 있다고 고백한
다. 예수님을 사랑하기에 새겨진 고난의 흔적이다.

이후로는 누구든지 나를 괴롭게 하지 말라
내가 내 몸에 예수의 흔적을 지니고 있노라

갈 6:17

'흔적'이란 단어는 헬라어로 '스티그마'라고 한다. 로마
시대 때 가축이나 노예의 몸에 주인의 소유라는 것을 나
타내 보이도록 찍은 화인(火印)이나 문신 등을 가리킨다. 혹
은 군인들이 자기 주인이나 사령관의 이름을 몸에 새겨 넣
기도 했는데 이 '낙인'이 스티그마다.

그러므로 바울이 말하는 '예수의 흔적'(타 스티그마타 투 예
슈)은 예수님이 자신의 주인이며 자신은 그분의 종이라는
사실을 가리키는 표다. 이것은 그의 육체와 마음과 영혼에

새겨진 지울 수 없는 표지였다.

갈라디아 교회에 스며든 거짓 교사들은 바울이 진정한 사도가 아니라고 주장하며 바울을 괴롭게 했다. 그들은 이렇게 말했다.

"예수님이 부르신 사도는 열두 사도인데 예수님은 그때 바울을 부르지 않으셨다. 게다가 바울은 도리어 교회를 심하게 박해한 자인데 어떻게 사도라고 할 수 있겠는가?"

갈라디아 교인들이 그들의 말에 현혹되어서, 바울의 가르침을 떠나 거짓된 가르침을 따르고자 했다. 바울이 얼마나 가슴 아팠겠는가. 자신이 사도라는 증명을 보이라는 요구 앞에 바울은 자신의 몸에 '예수의 흔적'이 있음을 말한다.

유대인 율법주의자들은 자신들의 몸에 할례의 흔적이 있다고 말하지만, 바울은 그와는 다른 흔적을 말한다. '예수의 흔적'은 사도 바울 자신이 주 예수 그리스도와 그의 몸 된 교회를 위해 겪어야만 했던 고난과 고통, 아픔의 흔적이다.

옥에 갇히기도 했고, 여러 번 죽을 뻔했고, 서른아홉 번씩 다섯 차례 매를 맞았고, 세 번 태장으로 맞았고, 돌로 맞았고, 세 번 파선했고, 온갖 위험을 다 겪었고, 헐벗고

굶주렸다. 그뿐만 아니라, 수없이 질시를 당하고 위협을 받고 미움을 당했다. 이 모두가 주님을 사랑하여 몸과 마음에 새겨진 흔적이었다. 이것이 바로 자신이 예수님의 사도인 증거라는 것이다.

그들이 그리스도의 일꾼이냐
정신 없는 말을 하거니와 나는 더욱 그러하도다
내가 수고를 넘치도록 하고 옥에 갇히기도 더 많이 하고
매도 수없이 맞고 여러 번 죽을 뻔하였으니
유대인들에게 사십에서 하나 감한 매를 다섯 번 맞았으며
세 번 태장으로 맞고 한 번 돌로 맞고
세 번 파선하고 일 주야를 깊은 바다에서 지냈으며
여러 번 여행하면서 강의 위험과 강도의 위험과
동족의 위험과 이방인의 위험과 시내의 위험과
광야의 위험과 바다의 위험과 거짓 형제 중의 위험을 당하고
또 수고하며 애쓰고 여러 번 자지 못하고 주리며 목마르고
여러 번 굶고 춥고 헐벗었노라

고후 11:23-27

바울의 몸에는 고통스러운 돌팔매질과 몽둥이질들로

인한 흔적이 남아 있다. 몸의 흉터보다 더 아픈 마음의 흔적들도 가득했다. 바로 예수님을 사랑한 흔적이다.

누군가 소파에 앉았다가 일어나면 그가 앉았던 자리가 움푹 들어가 있다. 접힌 자국은 쉽게 사라지지 않는다. 사랑한다는 것은 그 사랑의 깊이만큼 흔적을 갖는 것이다. 바다는 바람이 불어도 배가 지나도 물울타리가 선다. 나무도 자신의 삶을 고스란히 나이테에 담아 삶의 흔적을 보여준다.

박새같이 작은 새도 나뭇가지를 떠나면 가지가 부르르 떨면서 그 흔적을 보여준다. 나비같이 작은 미물(微物)도 꽃에 내려앉으면 꽃대가 흔들리며 존재했음의 흔적을 보여준다.

이렇게 모든 만물이 삶의 흔적을 남기듯, 사람들은 더욱 그러하다. 사람은 자신이 사랑한 만큼 행복하다. 삶에서 가장 귀한 자산은 자신이 사랑했고 자신을 사랑했던 사람들에 대한 기억과 흔적들이다. 예수 그리스도를 사랑했던 흔적이 있는 사람은 가장 행복하다.

역사학자이자 런던대학 교수인 올랜도 파이지스의《속삭이는 사회》(The Whisperers)는 스탈린 시대를 살던 소련 보통 사람들의 삶과 내면세계를 심도 있게 탐구한 작품이다.

당시 사람들은 자신이 한 말이나 행동 때문에 가족이나 본인이 위험해질 수 있다는 두려움 속에서 살았다. 그러기에 가족, 친구들과의 대화에서조차 속삭이거나 아예 침묵하며 살아갔다. 파이지스 교수는 이들을 '속삭이는 사람들'(The Whisperers)이라 했다. 충분히 이해할 만하다.

그러나 신앙의 자유와 언론의 자유가 있는 현대 사회에서, 단지 손해 보지 않기 위해 십자가에 대해 침묵하고 예수님에 대해서 속삭이기만 한다면 주님을 십자가에 두 번 못 박는 일일 것이다.

하나님을 선택했기 때문에 쓴 물질 이야기, 시간 이야기, 열정 이야기가 있는 사람은 복이 있다. 나이 들어서 예전에 돈 벌었던 것이나 자기가 이룬 업적을 이야기하는 것은 소용이 없다. 뜬구름 잡는 것이고 바람에 나는 겨와 같다. 하나님과 이웃 앞에 할 이야기가 있어야 한다.

돈 벌고, 출세하고, 성공하고, 욕망을 성취하고, 쾌락을 좇는 데는 일가견이 있어 누구 못지않은 스토리를 엮어 왔지만, 정작 주님 안에서 엮은 믿음의 스토리는 단 몇 줄도 되지 않는 사람. 장식은 많지만 그리스도를 위한 상흔은 하나도 없는 사람. 그런 사람은 가장 불쌍한 사람이다.

오랫동안 부귀영화와 세상의 스토리에 탐닉했던 솔로

몬이 "헛되고 헛되며 헛되고 헛되니 모든 것이 헛되도다"(전 1:2)라고 한탄했듯이, 믿음의 스토리가 아닌 인생 스토리는 아무리 화려하고 두터워 보여도 주님 앞에서는 순식간에 사라지는 물거품처럼 무의미할 뿐이다.

주님을 사랑한 스토리가 있는가

'흔적'이란 말은 '스토리'라는 말로 바꿀 수 있다. "주님을 사랑한 흔적이 있는가?" 이 질문은 "주님을 사랑한 스토리가 있는가?"라고 바꾸어 말할 수 있다.

옛 페르시아의 샤리아르 왕은 자신이 궁전을 비운 사이 왕비가 불륜을 저지른다는 충격적인 보고를 받는다. 분노한 왕은 이들을 색출하여 모조리 처단하고는 배신감과 허탈감에 빠져 폐인처럼 사막을 방황한다.

궁전으로 돌아간 왕은 극심한 여성 불신에 빠져 복수를 결심한다. 포고령을 내려 온 나라의 처녀를 불러들여서, 아내로 삼아 하룻밤 자고 다음날 죽이는 일을 천 일 동안이나 반복한다. 온 나라는 공포에 사로잡히고 여인들은 도망치기 시작한다.

이를 지켜보던 재상의 큰딸 세에라자드가 스스로 자원

하여 목숨을 걸고 왕의 아내가 된다. 그리고는 왕에게 흥미진진한 이야기를 들려준다. 왕이 들어보니 너무나 재미있었다. 그녀는 절정이 되는 부분에서 내일 얘기하겠다며 이야기를 끊고, 왕은 다음날 이야기를 듣기 위해 그녀를 살려뒀다. 이런 식으로 천 일하고도 하룻밤 동안 이야기가 이어진다. 그 이야기를 들으며 왕은 서서히 치유되어 자신의 과오를 뉘우치고 나라를 평화롭게 이끌어 갔다.

《천일야화》(千一夜話), 즉 《아라비안나이트》의 내용이다. 〈알라딘과 마술램프〉, 〈신밧드의 모험〉, 〈알리바바와 40인의 도적〉 등은 천일야화의 대표작이다.

셰에라자드는 자신의 이야기가 끊어지면 잔혹한 왕에게서 자신의 목숨도, 나라의 비극도 구하지 못하는 절체절명의 상황에 있었다. 또한 왕이 흥미를 잃어 더 이상 듣기를 원하지 않으면 목숨은 끊긴다.

'이야기'가 곧 '목숨'이었다!

예수 그리스도를 구주와 주님으로 '영접한 이야기가 없는 사람'은 지옥이다. 예수님을 영접한 하나님의 자녀라 할지라도 예수 그리스도를 향한 '사랑의 이야기가 없는 사람'은 부끄러운 구원만 받을 뿐이다.

이야기가 목숨이다. 옷, 화장품, 자동차, 오디오, 카메라,

심지어는 만년필까지 거의 모든 제품에는 '한정판'(限定版, a limited edition)이라는 것이 있다. 일정한 수량만큼만 만드는 것이다. 한정판의 첫 번째 요소가 '드라마틱한 이야기'다.

만년필의 경우를 보자.

미국 독립 기념관을 구성하고 있던 나무로 제작된 것이 있다. 생산 수량은 1만 개였다. 1971년 홍콩에서 화재로 침몰한 퀸엘리자베스호의 선체 일부에서 황동을 가져와 만든 만년필도 있다. 1968년에는 미국인 최초로 지구 궤도를 돈 우주 비행사 존 글렌이 탔던 로켓의 일부로 볼펜과 만년필을 만들기도 했다. 이처럼 특별한 의미, 즉 스토리가 있는 재질로 만들어지는 한정판 제작 공식은 계속 이어진다. 명품의 조건 중 하나가 바로 '스토리'다.

만년필 이야기를 더 해보자.

구글에서 '펜 싸이닝'(pen signing)으로 검색하면 존 F. 케네디, 리처드 닉슨, 버락 오바마, 도널드 트럼프 대통령 등이 법안에 서명 후 펜을 나눠주는 모습을 볼 수 있다.

미국 대통령들은 이른바 '펜 싸이닝'이라는 흥미로운 싸인 행사를 한다. 새로운 법안 등에 서명할 때 여러 개의 만년필(펜)로 싸인을 한 후 싸인에 사용한 펜을 조력자, 후원자 내지는 고마운 관계자에게 선물하고, 보관도 한다.

2010년 일명 '오바마 케어'라고 불리는 미국의 의료 보험 개혁 법안에 서명하고 있는 버락 오바마 대통령의 사진을 보면, 이 법안에 서명하면서 무려 22개의 펜을 사용했다. 자신이 한 개를 갖고, 두 개는 국립문서기록 관리청에 보내고, 나머지 열아홉 개는 법안 통과를 위해 힘쓴 사람들에게 선물했다고 한다.

이때 싸인한 만년필은 그저 고급 만년필이 아니라 '스토리'가 스며 있는 펜이다. '스토리가 있는 것'은 '비싼 것'보다 비교할 수 없을 정도로 향기롭다.

스펙보다 스토리다.

스토리가 스펙을 이긴다. 최고의 인생은 스토리가 있는 인생이다. 하나님과 이웃을 사랑한 스토리가 있는 인생이 최고의 인생이다. 하나님을 위해 고난을 당한 스토리, 손해를 본 스토리가 있는 인생이 최고다.

땅만 바라보지 말라

땅만 바라보며 사는 사람은 그리스도를 위하여 고난받

는 것을 거부한다. "하나님이 나의 성공을 도와야지 내가 왜 하나님을 위해 손해를 보는가?" 그렇게 말한다. 하늘의 영광보다 땅의 콩깍지가 좋기 때문이다.

고대 이스라엘은 왕정이 되기 전 사사 시대가 있었다. 사사의 역할은 크게 두 가지였다.

첫 번째는 사회적 위기 순간에 백성들을 외세로부터 구원하는 역할이다. 두 번째는 평화의 시대에는 백성들을 재판(샤파트)하는 역할이다(삿 4:5). 고대 근동 사회에서 '재판'은 법정에서 죄의 유무를 가리는 행위뿐 아니라 여러 민원 해결을 의미한다. 사람들이 다양한 문제로 찾아오면 사사는 그들의 문제를 해결해준다.

어찌 보면 목회 사역과 비슷하다고 할 수 있다. 이렇듯 참 소중한 사명을 가진 사사지만, 그 사명을 다 잃어버리고 개인의 사욕 속에 산 사사들이 있다. 9대 사사인 입산은 아들 30명과 딸 30명, 총 60명의 자녀가 있었다.

… 입산이 이스라엘의 사사가 되었더라
그가 아들 삼십 명과 딸 삼십 명을 두었더니
그가 딸들을 밖으로 시집 보냈고
아들들을 위하여는 밖에서 여자 삼십 명을 데려왔더라

그가 이스라엘의 사사가 된 지 칠 년이라
입산이 죽으매 베들레헴에 장사되었더라
삿 12:8-10

여인이 무슨 애 낳는 공장도 아니고, 한 여인이 어떻게 60명의 자녀를 낳을 수 있겠는가? 수많은 처첩(妻妾)이 있었다는 의미다. 성경이 입산의 아들딸이 몇 명이나 있었다는 것을 일부러 말하는 것은 본을 보여야 할 사사의 타락상을 보여주기 위함이다.

또한 당시 하나님의 규례 가운데 하나는 '이방인과의 결혼 금지'였다. 그런데 입산은 하나같이 이방인 며느리와 사위들만 봤다. 좋은 사윗감과 며느릿감을 구하느라 하나님이 금하신 이방인까지 기웃거리며 온 인생을 다 썼다는 의미다. 또한 정략결혼으로 자신의 정치적, 경제적 위치만 확고히 하기 위해 온 힘을 기울였다는 의미이기도 하다.

하나님의 귀한 사명을 받은 사사가 자신의 사사로운 일을 위해 하나님이 금하신 일까지 저지르며 살았다. 하나님 앞에서 할 말이 없는 인생이다.

11대 사사인 압돈에 대한 기록은 9대 사사였던 입산과 거의 똑같다. 그는 이스라엘의 사사로 8년을 지내면서 아들 40명과 손자 30명을 두었다.

> 그 뒤를 이어 비라돈 사람 힐렐의 아들 압돈이
> 이스라엘의 사사가 되었더라
> 그에게 아들 사십 명과 손자 삼십 명이 있어
> 어린 나귀 칠십 마리를 탔더라
> 압돈이 이스라엘의 사사가 된 지 팔 년이라
>
> 삿 12:13,14

아들 40명에 손자 30명을 두었다는 것은 입산처럼 여러 처첩을 두었다는 것이다. 압돈의 딸 숫자는 기록도 안 되었다. 딸까지 기록했다면 엄청난 숫자였을 것이다.

그런데 압돈은 입산보다 한술 더 뜬다. 나귀 70필을 사서 아들과 손자들에게 다 나누어주었다고 했다. 최고급 자가용 70대를 사서 자식들에게 한 대씩 다 나누어주었다는 뜻이다. 아니, 그 시대의 나귀는 우리 시대의 고급 승용차 이상이다. 나귀는 당시 값비싼 이동 수단으로 귀족이나 왕족이 탔다.

예를 들어 사사 야일은 아들 30명을 두었고, 이들은 나귀를 타고 다니며 30개의 성읍을 다스렸다(삿 10:4). 이런 모습은 야일이 왕처럼 권력을 누린 것을 보여준다. 즉, 당시 '나귀를 탔다'라는 말은 부귀영화를 누렸다는 뜻으로 해석할 수 있고, 많은 성경학자는 부정축재(不正蓄財)했다는 완곡한 표현이라고 말한다.

입산과 압돈은 수많은 처첩을 두고 축재하는 데 마음을 쏟았다. 하나님과 이웃을 위해 한 일이 없다. 오직 자신과 자기 가족의 부귀영화를 위해 살았을 뿐이다. 하나님과 이웃 앞에서 할 말이 없는 인생이다. 입산과 압돈처럼 살아봤자 결국은 안개 같은 인생이다.

내가 해 아래에서 행하는 모든 일을 보았노라

보라 모두 다 헛되어 바람을 잡으려는 것이로다

전 1:14

전제의 인생, 예배의 삶

임진왜란을 일으켜 조선을 침략했던 도요토미 히데요시(豐臣秀吉)는 그 영욕의 생을 마감하면서 이렇게 묘비명을 미리 적었다.

"이슬처럼 왔다가 이슬처럼 사라지는 게 인생인가 보다!
살아온 한 세상이 봄날의 꿈만 같구나!"

그러나 바울을 보자.

전제와 같이 내가 벌써 부어지고
나의 떠날 시각이 가까웠도다
나는 선한 싸움을 싸우고
나의 달려갈 길을 마치고 믿음을 지켰으니
이제 후로는
나를 위하여 의의 면류관이 예비되었으므로
주 곧 의로우신 재판장이 그날에 내게 주실 것이며
내게만 아니라
주의 나타나심을 사모하는 모든 자에게도니라

딤후 4:6-8

유진 피터슨은 이 구절을 이렇게 현대적으로 해석했다.

"나의 죽을 날이 가까웠고, 나의 생명은 하나님의 제단에
제물로 드려졌습니다. 이것은 참으로 달려 볼 가치가 있는

유일한 경주입니다. 나는 열심히 달려서 이제 막 결승점에 이르렀고, 그 길에서 믿음을 지켰습니다. 이제 남은 것은 환호소리, 곧 하나님의 박수갈채뿐입니다! 그것을 믿으십시오. 하나님은 공정한 재판장이십니다. 그분께서 나뿐 아니라, 그분의 오심을 간절히 기다리는 모든 이들에게도 공정하게 대해 주실 것입니다.』『메세지』

바울은 예수님을 만나고 그의 종이 된 뒤로부터 감옥에 갇혀 죽을 때까지 그의 일생을 한마디로 '제사'라고 표현했다. 자신의 삶 전체가 예배라고 정의한 것이다. 성도의 일생에 대해 이보다 더 멋지고 아름다운 표현이 있을까.

바울은 죽음을 직감하고 있다. '전제와 같이' 부어진다. 원문대로 하면 '(지금) 부어지고 있다(스펜도마이)'가 된다. 삶의 마지막 순간까지도 "주여, 제 몸을 주님께 드립니다"라고 고백하고 있는 것이다.

전제는 '붓다', '따르다'라는 뜻의 히브리어 '나사크'에서 유래한 말로 포도주나 독주를 하나님의 제단에 부어 드리는 제사다. 하나님을 섬기는 자들의 헌신적인 봉사, 주를 위한 거룩한 희생을 상징한다.

바울은 다메섹으로 가던 길에서 예수님을 만난 뒤부터

그리스도의 종으로 살아오면서 짧은 생애 동안 유럽과 소아시아 곳곳을 다니며 많은 교회를 개척했고, 차세대 초대교회를 이끈 영적 지도자들을 키웠으며, 2천 년 동안 기독교회 전체의 교과서가 될 목회서신들을 썼다.

바울이 평생의 사명으로 선언한 것이 이것이다.

내가 달려갈 길과 주 예수께 받은 사명 곧
하나님의 은혜의 복음을 증언하는 일을 마치려 함에는
나의 생명조차 조금도 귀한 것으로 여기지 아니하노라

행 20:24

그렇게 살아온 바울이 이제 자기 몸을 하나님께 온전히 드리는 것으로 끝을 맺으려 한다.

"이제 남은 것은 환호소리, 곧 하나님의 박수갈채뿐입니다!"

작은 것을 탐내다가 큰 것을 잃는다

임진왜란 개전 이후 파죽지세의 왜군 앞에 조선군에게는 한차례 반격의 희망이 있었다. 왜군의 진격로에서 벗어나 있던 전라 관찰사 이광이 뒤늦게 군사 6만을 모아 한양 근처로 진출한 것이다. 한양 탈환을 노릴 수도, 왜군의 진격을 멈출 수도 있는 숫자였다.

문제는 이 군대가 급조된 오합지졸이었다는 것이다. 지휘관 이광은 문인 출신이었다. 그는 눈앞의 작은 승리에 도취했다. 전쟁의 흐름을 바꿀 수 있는 큰 싸움을 하기보다는 소규모 부대를 공격하고 승리해 임금에게 칭찬받는 재미에 빠져 있었다.

당시 용인 주변에는 왜군이 북상하면서 남겨놓고 간, 군대라고도 할 수 없는 소규모 부대들이 흩어져 있었다. 이광은 땔감을 마련하는 적병 열 명의 머리를 베고, 열 명이 지키는 소규모 보급부대를 불태웠다.

작은 승리에 도취한 이광은 용인성 북쪽 문소산에 있는 작은 진지를 공격했다. 기껏해야 열 명 안팎의 부대려니 생각하고 무작정 돌진했다. 하지만 이 부대는 후에 한산대첩에서 왜군을 이끈 수군 출신 장수 와키자카 야스하루가 이끄는 부대로서, 잘 훈련된 1,600명의 정예군이었다.

이광의 조선군은 절반만 살아 돌아왔다. 다음날 한가로이 밥을 짓고 있을 때 이번엔 왜군이 조선군 진영을 습격해서 속절없이 무너졌다. 6만 명의 대군이 불과 1,600여 명의 왜군에게 대패한 것이다.

당시 권율을 비롯한 참모들은 왜군의 소규모 병력을 상대하지 말고 한양을 압박하자고 제안했다. 그러나 이광은 작은 승리에 취해서 큰 그림을 보지 못했다. 《징비록》에서 유성룡은 이광을 가리켜 "군사 행동을 봄놀이하듯 생각했다"라고 말했을 정도다.

소탐대실(小貪大失)이라는 말이 있다. 작은 것을 탐하다가 큰 것을 잃는다는 의미다. 바둑의 하수는 계속 단수(單手, 아다리)를 치며 돌 몇 개를 잡아먹는 재미에 빠져 있다가 대마(大馬)가 잡힌다.

악한 마귀는 이 땅에서만 행복하라고 하며 콩깍지를 던져준다. 땅의 콩깍지만 먹고 살며 하늘 한번 제대로 쳐다보지 못한 사람은 가장 불쌍한 사람이다.

어느 낚시꾼이 월척을 잡아 어탁을 떠서 액자를 만들었다. 그리고 그 밑에 이렇게 적어 삶의 교훈을 삼았다고 한다.

"그때 내가 미끼만 물지 않았어도 나는 바다에 있으리라."

마귀가 던져주는 땅의 미끼만 물며 살았던 사람은 참으로 불행한 사람이다.

복을 차내는 마음 쏨쏨이

구약에 '기업 무를 자'가 나온다. 이는 히브리어로 '고엘'로서 하나님께로부터 할당받은 기업 및 혈족을 보존하고, 부당한 피해를 당했을 경우 이를 보상하는 사람이다. 고엘은 예수님의 사역을 보여주는 그림자다.

룻기를 보면 홀로된 나오미의 기업 무를 자 1순위가 등장한다. 보아스는 그 1순위자에게 말한다.

"모압 지방에서 돌아온 나오미가 우리 형제 엘리멜렉의 소유지를 팔려고 하는데 당신이 사지 않겠느냐? 당신이 사야 한다."

나오미가 땅을 내놓았는데 친족 중 한 사람이 그것을 사서 그 가문을 지켜야 한다는 말이다.

> 보아스가 그 기업 무를 자에게 이르되
> 모압 지방에서 돌아온 나오미가
> 우리 형제 엘리멜렉의 소유지를 팔려 하므로
> 내가 여기 앉은 이들과 내 백성의 장로들 앞에서
> 그것을 사라고 네게 말하여 알게 하려 하였노라
> 만일 네가 무르려면 무르려니와
> 만일 네가 무르지 아니하려거든 내게 고하여 알게 하라

네 다음은 나요 그 외에는 무를 자가 없느니라 하니

그가 이르되 내가 무르리라 하는지라

롯 4:3,4

1순위자는 보아스의 설명을 듣고서 "내가 무르리라"라고 말한다. 자신이 사겠다는 의미다. 그런데 곧 생각을 바꾸어 못한다고 한다.

그 기업 무를 자가 이르되

나는 내 기업에 손해가 있을까 하여

나를 위하여 무르지 못하노니

내가 무를 것을 네가 무르라

나는 무르지 못하겠노라 하는지라

롯 4:6

그가 나오미에 대해 고엘의 역할을 못 한다고 한 이유가 기가 막히다.

"내 기업에 손해가 있을까 하여!"

처음 그는 나오미의 남편 엘리멜렉이 죽었기에 이제 나이 든 나오미마저 죽으면 엘리멜렉의 소유지가 모두 자기 것이 되리라고 생각했다. 그런데 보아스는 나오미에 대한 고엘 역할을 할 때의 책임을 더 구체적으로 설명했다.

보아스가 이르되
네가 나오미의 손에서 그 밭을 사는 날에
곧 죽은 자의 아내 모압 여인 룻에게서 사서
그 죽은 자의 기업을
그의 이름으로 세워야 할지니라 하니

룻 4:5

그 말을 들은 1순위자는 자기가 기업을 무르면 나오미의 며느리인 이방 모압 여인 룻을 책임져야 하고, 룻에게 자식이라도 생긴다면 이들을 위해 자기의 재산을 허비하게 될 것이라는 생각이 들었다.

그는 그것이 손해라고 생각한 것이다. 처음부터 나오미와 룻을 돌보자는 마음은 없었다. 오직 자신에게 물질적 이익이 되느냐 손해가 되느냐 하는 것만 생각했다.

그 결과 그는 복을 걷어찬다. 룻을 통하여 주어질 복의 원천을 전부 보아스에게 넘겨주고 만다. 룻에서 예수 그리스도로 연결되는 축복의 통로를 전혀 보지 못한 것이다.

'아무개'가 되지 말라

자, 여기서 참 흥미로운 사실이 등장한다. 구약 성경에서 참 유쾌한 구절이 이것이다. 하나님이 그의 이름을 이렇게 부르신 것이다.

"아무개(쁠로니 알모니)여!"

영어 번역으로는 'such a man', 시쳇말로 '거시기'다.

… 보아스가 그에게 이르되

아무개여 이리로 와서 앉으라 하니

그가 와서 앉으매

룻 4:1

룻기는 시어머니 나오미의 말을 듣고 다시 모압으로 돌아간 며느리 '오르바'의 이름도 기록하고 있다. 심지어는 엘리멜렉, 말론, 기룐 등 죽은 자의 이름도 언급된다. 그런데 살아 있는 사람, 중요한 고엘의 역할을 해야 할 사람의 이름이 기록되어 있지 않다.

하나님이 그의 이름을 밝히지 않은 이유는 인권 보호 차원에서 그의 사생활을 보호하기 위해서가 아니다. 그의 이름 석 자를 기록할 가치가 없다는 것이다. 불쌍하고 가난한 친족을 돌볼 책임은 외면하고, 오로지 자신만을 위해 살았던 사람의 이름을 그냥 아무개라고 한 것이다.

룻은 지금 비록 볼품없는 짐덩이 같지만, 그 안에 엄청난 하늘의 비밀이 감춰져 있다는 것을 아무개는 볼 줄 몰랐다.

신약 성경에도 꽤 많은 분량의 이야기 중심에 있는 인물임에도 불구하고 그 이름을 기록하지 않은 사람들이 있다. 거지 나사로와 대조된 어느 부자, 그리고 삭개오와 대조된 부자 청년이 그들이다. 하나님은 그의 이름을 기록하지 않으셨다. 그들은 아무개다. 제로(Zero)다.

2013년 7월 30일(현지 시각), AFP 통신은 한국인 바이올리니스트 김민진 씨가 3년 전 영국 런던에서 도난당한 20억 원 상당의 바이올린이 회수됐다고 보도했다. 런던경찰청은 도난당한 스트라디바리우스 바이올린을 지난주 잉글랜드 미들랜즈 지방에서 확보해 전문가의 확인을 거쳐 런던의 시설에서 보관하고 있다고 밝혔다.

그런데 이 기사의 방점은 바이올린 가격이 아니다. 도둑들이 바이올린의 가치를 모르고 단돈 17만 원에 팔았다는 것이다. 가치를 판단할 안목이 없는 사람에게는 최고의 명기도 낡은 연습용 바이올린에 불과하다.

값어치를 모르는 사람에게는 광개토대왕 비(碑)도 빨래판일 뿐이다. 진가를 모르는 사람은 고려청자도 개밥그릇으로밖에 사용하지 못하고, 셰익스피어의 친필 책도 라면 그릇 받침대로 사용한다.

야곱은 형 에서가 배고픈 순간을 포착해 팥죽 한 그릇으로 장자의 명분을 빼앗았다. 분명 잘못한 일이다. 그러나 에서에게는 더 큰 잘못이 있다. 한때의 배고픔을 견디지 못한 채 장자의 명분이라는 그 소중한 특권을, 메시아의 가계(家系)를 연결하는 이 위대한 족보를 팔아버렸다. 이런 에서를 가리켜 성경은 "망령된 자"라고 한다.

… 한 그릇 음식을 위하여
장자의 명분을 판 에서와 같이
망령된 자가 없도록 살피라

히 12:16

'망령'이라는 단어의 헬라어 원어 '베벨로스'는 본래 '믿음에서 떠난다'라는 말이다. 에서는 한 그릇의 팥죽 때문에 믿음을 떠난 사람이었다. 영원하고 귀중한 것의 값어치를 모르는 사람이었다.

물 한 방울 짜낼 수 없는 돌 같은 사람이 있다. 세상에서 제일 '나쁜 사람'은 '나뿐인 사람'이다. 이런 사람이 아무개다. 오직 자신만 생각하고 하나님과 이웃을 위해 전혀 손해 보려고 하지 않는 사람이 아무개다.

하나님이 귀한 헌신의 기회를 주셨는데도 손해 볼까 봐 외면하며 아무개가 된 사람은 결산의 날에 하나님을 뵈올 때, 바울 사도를 만날 때 한없이 부끄러울 것이다.

결산의 날이 반드시 있다

인류 문명을 바꾼 최고의 발명품인 동시에 역사상 최악의 발명품이 있다. 다이너마이트다. 다이너마이트는 산업 현장에서 기적이라고 할 만큼 혁신을 가져왔다. 경제 성장, 사회적인 변화, 문화 발전까지 인류 역사에 큰 변화를 주었다. 반면 강력한 살상 무기라는 악명도 쓰고 있다.

이처럼 양날의 검과도 같은 다이너마이트를 개발한 사

람이 알프레드 노벨(이하 노벨)이다. 그는 화학사에서 꼽는 천재 중의 한 명이다. 특허를 받은 발명품이 300개가 넘고 영어, 독일어, 불어, 러시아어의 4개 국어에 능통했다.

아버지인 임마누엘 노벨은 여러 기계를 발명해 특허를 얻기도 했던 발명가이자 사업가로, 노벨은 어린 시절부터 아버지의 실험실에 놀러가며 발명에 흥미를 느꼈다.

그는 다이너마이트를 통해 세계 최초로 글로벌 기업을 만들며 사업가로도 성공했고 부와 명성을 누렸다. 그러나 동시에 최악의 무기를 만들었다는 엄청난 죄책감에 시달려야 했다. 다이너마이트는 전쟁뿐만 아니라 방화, 폭동, 폭력, 살인 등에도 살상용으로 사용되었기 때문이다.

그러던 중 1888년의 어느 날 노벨의 인생을 통째로 뒤흔드는 충격적인 사건이 발생한다. 이 사건은 그의 인생 후반전에 노벨상을 제정하는 결정적인 이유가 되는데, 프랑스의 한 신문에 노벨의 부고 기사가 실린 것이다.

죽음의 상인 사망하다

사람을 더 많이 더 빨리 죽이는 방법을 개발해 부자가 된 알프레드 노벨이 어제 죽었다

사실 사망한 것은 둘째 형인 루드비히 노벨이었다. 기자가 오보를 낸 것이다. 그러나 노벨은 그 기사를 통해 세상이 자신을 '죽음의 상인'이라 평한다는 것을 알게 되고 충격에 빠졌다. 사실, 다이너마이트는 많은 전쟁에 쓰이는 살상 무기가 되었다.

1870년 독일의 통일을 이루려는 프로이센과 이를 막으려는 프랑스 간에 벌어진 보불전쟁에서 다이너마이트가 수많은 사람을 죽였다. 1881년에는 러시아의 황제 알렉산드로 2세가 다이너마이트로 암살을 당했다. 시카고의 한 광장에서 다이너마이트 때문에 경찰관 7명, 행인 4명이 또 사망하기도 했고, 19세기 말에는 다이너마이트를 이용한 암살 사건이 매일 평균 3건이 일어났다.

여론이 돌아섰다. 노벨에게는 결국 다이너마이트를 판매해서 거액을 버는 '죽음의 상인'이라는 낙인이 찍혔다. 더욱이 다이너마이트가 노벨의 뜻과 상관없이 폭탄과 수류탄 형태로 만들어져 대표적인 살생 무기로 사용되면서 그 이미지는 더 굳어지게 되었다.

노벨 스스로는 자신을 인류를 위해 연구하는 발명가라고 생각했는데, 이런 평을 듣고 큰 충격을 받았고, 그때부터 자신의 오명을 씻을 방법을 고민하기 시작했다.

그 이후 노벨은 노벨상을 만드는 두 번째 계기를 맞게 된다. 당시에 세계적으로 확대되던 국제 평화운동을 접하게 된 것이다. 어느 날 이 단체의 생각을 담은 〈무기를 내려놓으라!〉(Die Waffen Neither!)라는 반전 소설을 읽고 큰 감동을 받는다.

마침내 1893년 60살의 나이로 노벨상 제정을 하기로 마음을 굳힌다. 사망 당시 노벨은 20개 국가에 93개의 공장을 소유하고 있었다. 그는 모든 돈을 노벨상으로 내놓았다. 그는 삶의 결산의 날을 생각한 것이다.

모든 사람이 예외 없이 맞이한 죽음을 우리도 경험할 것이다. 스티븐 코비는 세계적인 명저 〈성공하는 사람들의 7가지 습관〉(The 7 Habits of Highly Effective People)에서 두 번째 성공 습관을 말한다.

"Begin with the End in Mind."
끝을 생각하며 시작하라

철학자 하이데거는 사람이 죽음 앞에 선 존재라는 사실을 깨달을 때 참된 인간 존재를 느끼고, 삶의 소중함도 비로소 보이기 시작한다고 하였다. 이것을 '죽음에로의 선구

(先驅)'라고 표현했다. 죽은 후 어떠한 일이 일어난다는 것을 알고 산다면 지금의 삶은 달라질 것이다. 그렇다. 반드시 결산의 날이 있다.

결산(심판)은 두 종류가 있다.

첫째, 일명 '백보좌 심판'이 있다.

이것은 하나님을 믿지 않은 자, 즉 생명책에 기록되지 않은 불신자에게 내려지는 심판이다. 하나님은 "크고 흰 보좌"에서 심판하신다. '흰 보좌'를 흰 백(白) 자를 써서 '백보좌'라고 칭하는 것이다. 이들에게는 지옥의 형벌이 기다린다.

> 또 내가 크고 흰 보좌와 그 위에 앉으신 이를 보니
> 땅과 하늘이 그 앞에서 피하여 간 데 없더라
> 또 내가 보니 죽은 자들이 큰 자나 작은 자나
> 그 보좌 앞에 서 있는데 책들이 펴 있고
> 또 다른 책이 펴졌으니 곧 생명책이라
> 죽은 자들이 자기 행위를 따라
> 책들에 기록된 대로 심판을 받으니
>
> 계 20:11,12

둘째, "그리스도의 심판대"가 있다.

하나님을 믿으며 살아왔던 그리스도인에게 내려지는 '상급 심판'이다. 하나님을 믿는 성도들에게는 차별적인 '상급'의 결산이 있다는 말이다.

그런즉 우리는 몸으로 있든지 떠나든지
주를 기쁘시게 하는 자가 되기를 힘쓰노라
이는 우리가 다 반드시
그리스도의 심판대 앞에 나타나게 되어
각각 선악 간에 그 몸으로 행한 것을 따라 받으려 함이라

고후 5:9,10

'심판대'는 헬라어로 '베마'라고 한다. 운동 경주가 다 끝나면 심판석 앞에 서는데 그때 심판관이 앉는 자리를 가리킨다. 성도의 심판은 1등, 2등, 3등을 가리고 상급을 주기 위한 심판이다.

성도들은 그리스도의 심판대 앞에서 기쁨과 후회가 교차하는 감정을 느끼게 될 것이다. 지옥의 불못을 피하게 된 것을 진실로 감사하겠지만, 하나님이 그들의 삶을 칭찬할 것이 없다고 평가하시는 순간, 영원한 것이 아닌 일시적인 것에 마음을 쏟고 살아온 자신을 깨닫고는 부끄러움과

더불어 큰 후회를 하게 될 것이다.

1995년에 시작하여 2025년 현재까지 30년간 방송 중인 KBS의 〈TV쇼 진품명품〉이라는 프로그램이 있다. 세월 속에 묻힌 진품, 명품을 발굴해서 연예인과 전문 감정위원이 진가를 확인하는 고미술 감정 프로그램이다.

화가의 그림, 아름다운 도자기, 선비의 품격을 담은 책과 문서, 조상의 삶과 지혜를 엿볼 수 있는 민속품, 그리고 근대 유물까지 문화유산을 총망라한다. 이 프로의 하이라이트는 두 가지다.

첫째, 진짜인가 가짜인가.

둘째, 진짜이면 그 가치가 얼마로 환산되는가.

문화재를 금액으로 따지는 것이 옳지 않다는 의견도 있다. 하지만 우리가 그밖에 어떤 방식으로 문화재를 이해해야 하는지 잘 모르기 때문에 금액으로 환산하는 것이 나름대로 의미가 있다.

전문 감정단은 문화유산의 가치에 따라 감정가를 책정하는데 여기에도 기준이 있다. 창조자의 명망, 진위 여부(창작품이냐 모조작이냐), 보존상태(흠집 여부), 희소성, 그리고 무엇보다도 그 작품에 어려 있는 '스토리'다.

이 프로그램에서 소개된 유명하고도 황당한 의뢰 건이 있다. 할아버지 한 분이 집안에서 대대로 내려오는 가보라며 애지중지하던 문서를 하나 의뢰했다. 모두들 긴장된 가운데 감정을 했는데, 의뢰했던 할아버지가 기절할 뻔했다. 알고 보니 노비 문서였다.

그리고 가장 감동적인 의뢰가 있었다.

2019년 8월 11일, 1944년 전후 작성된 회고록 한 점이 출품되었다. 회고록 작성 당시 상황이 열악했는지 비싼 원고지 대신 당시에 쓰인 세금계산서 용지에 작성된 회고록이었다.

마침내 감정가 전광판에 숫자가 나오기 시작했다. 모두가 숨죽여 바라보는데 전문가들의 감정가는 모두를 더욱 깜짝 놀라게 했다. 전광판에 0원이 나온 것이다. 사람들은 당황했다. 그때 회고록을 감정한 전문가가 결연하게 말했다.

"이 기록에는 나라를 잃은 한 애국자가 자신의 목숨을 바쳐 독립운동을 한 흔적이 남아 있습니다. 이분들의 행적을 감히 돈으로 평가할 수 없다고 생각해, 감정가를 추산할 수 없었습니다."

이 회고록은 일제강점기 만주 지역 항일 무장투쟁의 핵심 인물로 꼽히는 이규채(李圭彩) 선생님이 자필로 적은 일명

'이규채 연보'였다.

이규채 선생은 대한민국 임시정부 의정원 의원과 한국독립군 참모장 등을 지냈다. 종이가 귀했던 당시에 한 상점의 세금계산서에 적었던 이 역사적인 기록에는 이규채 선생의 어린 시절부터 독립운동을 하는 과정이 친필로 상세히 적혀 있었다.

이 회고록에는 1932년 9월 만주에서 활약하던 한국 독립군과 중국인들로 구성된 항일의용군의 쌍성보 전투의 상황, 독립운동가의 재판 기록도 기록되어 있었다. 이 신성한 회고록에 그 어떤 전문가라도 가격을 매기는 일을 할 수 없었던 것이다.

〈TV쇼 진품명품〉을 보면서 참 성경적이라고 느꼈다.

우리의 행적도 하나님의 심판대에 나와 진품이냐 명품이냐를 가리는 결산의 날이 올 것이다. 그때 "네 인생은 가짜야!", "너는 예수님을 영접하지 않은 가짜야!"라고 판명나면 지옥행이다.

"너는 진품이야. 그러나 겨우 100원짜리야!", "너는 예수님을 믿어서 그리스도인인 것은 분명해. 그러나 하나님과 이웃을 향한 섬김이 없었어. 겨우 부끄러운 구원을 받았을 뿐이야!" 한다면 또 무슨 망신인가?

그런데 한 사람이 천국에 왔다. 천사가 하나님 앞에 말했다.

"이 사람은 1억 원쯤 됩니다."

그때 하나님이 말씀하신다.

"이 사람은 0원이다. 이 사람은 너무나 고귀한 헌신을 해서 가격을 매길 수가 없다."

이런 칭찬을 들으면 얼마나 영광이겠는가? 진품이자 명품 인생이 되어야 한다.

선을 행함으로 고난받음이 하나님의 뜻이다

베드로전서 본문은 우리가 부름 받은 이유가 선을 행함으로 고난을 받고, 이를 참기 위해서라고 설명한다. 그리스도가 고난을 받음으로 본이 되어 그 자취를 따라오게 하셨다는 것이다.

… 선을 행함으로 고난을 받고 참으면

이는 하나님 앞에 아름다우니라

이를 위하여 너희가 부르심을 받았으니

그리스도도 너희를 위하여 고난을 받으사

너희에게 본을 끼쳐

그 자취를 따라오게 하려 하셨느니라

벧전 2:20,21

그러면서 감정의 감동만 하지 말고, "네가 그 길을 걸어
가라!"라고 한다.

"선을 행함으로 고난받는 것이 하나님의 뜻일진대!"

일제 강점기의 이야기다.

임시정부가 조직한 광복군은 일본이 미국의 진주만을
급습하며 태평양전쟁이 발발하자 즉시 대일선전포고를 하
고 연합군의 일원으로 참전할 것을 결의했다. 광복군이 꿈
꾸던 최후의 전장은 바로 조선이었다. 특수군을 편성해 국
내로 잠입한 뒤 일본군의 후방을 교란한다는 것이 광복군
의 구상이었다.

이것은 일본군에 실제적 타격을 주기 위함이기도 했지만,
더 큰 목적이 있었다. 그래야 태평양전쟁 종전과 함께 '승전
국' 지위를 얻어내 종전 후 협상에서 유리한 입장을 차지할
수 있기 때문이다. 그러나 임시정부가 최선을 다했으나 여
러 이유로 정식으로 연합군의 일원이 되지는 못하였다.

이후 광복군은 미국전략정보국(OSS)과의 협력 아래 국내

진공을 위한 준비를 진행시켰다. D-day는 1945년 8월 29일, 바로 국치일(國恥日)이었다. 그러나 아쉽게 8월 15일에 해방이 되면서 국내 진공을 하지 못했고 임시정부는 땅을 치며 아쉬워했다.

우리가 죽은 후 하늘에 갔을 때도 그럴지 모른다. 하나님의 나라를 위한 결정적인 헌신의 기회들을 놓치고, 하늘나라에서 개털 면류관 하나 쓰고 앉아 있을지도 모른다. 지금이 전도할 때요 지금이 주님을 위해 고난받을 각오를 하고 헌신할 때다.

… 선을 행함으로 고난을 받고 참으면
이는 하나님 앞에 아름다우니라

벧전 2:20

선을 행함으로 고난을 받고 천국에 온 성도를 주님이 이렇게 칭찬하며 위로하실 것이다.

"나의 십자가 상처 같은 상처가 네게도 있구나. 나를 사랑하여 너의 몸과 마음에 난 상처, 그 혼적은 칼자국이 아니라 꽃무늬다. 수고했다, 사랑하는 자여!"

4장

훈련을 위한 고난

삶은 전쟁과 같다. 전쟁에서 승리하려면 강한 훈련을 통해 싸움의 기술을 익혀야 한다. 하나님은 우리를 강하게 훈련시키신다. 그런데 그 훈련이 인간의 입장에서 보면 마치 고난과 같다. 훈련을 위한 고난이 있다.

　험한 길 속에서 유리할 때 누군가가 생명 같은 지도(地圖)를 주었다고 하자. 그러나 지도를 읽는 훈련이 되어 있지 않다면 지도는 이상한 그림이 그려진 종이일 뿐이다. 훈련을 통해 주님이 주신 꿈이 현실이 된다. 훈련을 통해 원석에서 보석으로 빛을 더해 간다.

　장석주 시인은 그의 시 〈대추 한 알〉에서, 저절로 쉽게 영근 듯한 대추 한 알에도 태풍과 천둥과 벼락 몇 개, 타는 듯한 땡볕과 무서리 그리고 눈물이 들어 있음을 노래하였다. 단 열매를 맺기까지 생명체는 버겁게 살아온 치열성이 있다. 저절로 그리되는 일은 없다. 논의 누런 곡식이 저절로 그리되었을 리 없고, 과실나무에 주렁주렁 달린 과일이 저절로 그리되었을 리 만무하다. 내 것도 그렇고 남의 것도 다 그렇다.

인생은 말하여 무엇하겠는가. 고난을 통해 하나님은 나를 단단하게 담금질하신다. 그 훈련의 담금질로 인해 지금 여기 내 삶이 있고, 앞으로 살아갈 기적 같은 내일이 있다.

주삿바늘은 아프지만 더 큰 병을 막을 수 있게 하고, 훈련은 힘들지만 전쟁을 이길 힘을 가지게 한다.

모진 사랑으로 훈련시키는 하나님

서머셋 모옴이 '세계 10대 소설' 중 하나로 꼽은 작품이자 빅토르 위고가 '가장 위대한 인물 중에서도 으뜸'이라고까지 극찬한 발자크의 대표작이 《고리오 영감》(Le Père Goriot)이다.

그럭저럭 행복하게 살던 고리오 영감은 아내가 죽자 재혼을 하지 않고 딸들을 더욱 지극히 사랑하였다. 그는 눈에 넣어도 아프지 않은 두 딸을 잘 키워서 결혼시키고, 행복하게 사는 모습을 보고자 했다.

두 딸은 어릴 적부터 공주처럼 풍요롭게 자라 나름 우아하고 아름다워 세련된 귀족의 딸들에게도 빠지지 않았다. 그러나 허영이 심하고, 아버지를 생각하는 마음이 눈곱만큼도 없었다.

고리오 영감은 제분업으로 사업에 성공하면서 애써 번 돈을 모두 허영심에 빠진 두 딸의 사교계와 파티에 쏟아붓는다. 두 딸이 고리오 영감을 아버지라고 부르는 건 돈이 필요할 때뿐이었다.

고리오 영감은 큰딸을 귀족, 작은딸을 은행가와 결혼시켜 상류사회에 진출시키고 정작 자신은 낡고 허름한 하숙집에 들어가 산다. 하숙집 여주인이 그를 부르는 호칭도 '고리오 씨'에서 경멸이 담긴 '고리오 영감'으로 바뀌었다.

그래도 고리오 영감은 사람들의 수군거림에도 아랑곳하지 않고 모든 집기를 전당포에 잡히고, 먹는 것도 절약하고, 추운 겨울에 난로를 피우지 않으면서까지 딸들의 상류생활을 아낌없이 지원해준다.

그는 그저 두 딸이 아버지를 사랑하기를 기대했으나 상류사회로 시집간 두 딸은 아버지의 희생은 거들떠보지 않은 채 오로지 자신만 치장하였다.

모든 것을 앗아간 딸들은 더 이상 아버지에게 뜯어낼 것이 없다는 것을 알고 관계를 차단한다. 고리오 영감은 그 충격으로 병세가 악화되지만 마지막 남은 돈마저 딸의 드레스 비용으로 쓴다.

하숙집에서 임종이 임박한 그는 착란 상태에서 딸들을 애타게 찾다가 비루한 모습으로 세상을 떠난다. 그러나 딸들은 아버지를 보러 오지도 않는다. 장례 비용도 대지 않았고, 장례식에도 사람이 타지 않은 빈 마차만 보낸다.

이 소설을 읽으면 읽을수록 화가 난다. 이렇게까지 희생하며 사랑할 수 있는가, 이렇게까지 그 사랑을 외면하고 불효할 수 있는가. 고리오 영감이 너무나 불쌍하고, 딸들에게 분노마저 일어난다. 자식 사랑은 무조건적인 내리사랑이라고 하지만, 자신의 모든 것을 바쳐 자식의 허영을 채워주는 것이 참사랑이라고 볼 수는 없다.

하나님의 사랑은 '모진 사랑'에 가깝다. 비단같이 부드럽기만 하지 않고 엄할 때도 많다. 부드럽기만 해서는 영혼을 망치기 때문이다. 하나님은 그분이 사랑하시는 자녀에게 광야에서 독수리 훈련을 시키신다.

공중의 왕인 어미 독수리는 새끼 독수리를 공중의 왕으로 만들기 위하여 강한 훈련을 시킨다. 새끼 독수리를 등에 업고 높이 올라가 사정없이 떨어뜨려 버리는데 새끼의 날개를 훈련시키기 위함이다.

새끼 독수리는 죽어라 하고 날갯짓을 한다. 그러다 땅에 떨어질 즈음, 어미 독수리는 새끼를 받아 몇 번이고 훈련을 계속한다. 그리하여 공중의 제왕 독수리로 만든다. 이것이 모진 사랑이다. 이 사랑 때문에 우리는 독수리같이 성장한다.

하나님은 날개 달린 새를 만드셨다. 그러나 저절로 나는 것이 아니라 끝없는 날갯짓 훈련을 해야 날 수 있게 만드셨다.

마치 독수리가 자기의 보금자리를 어지럽게 하며

자기의 새끼 위에 너풀거리며

그의 날개를 펴서 새끼를 받으며

그의 날개 위에 그것을 업는 것같이

여호와께서 홀로 그를 인도하셨고

그와 함께한 다른 신이 없었도다

신 32:11,12

'부질없다'라는 말이 있다. 수고해봤자 소용없다는 뜻이다. 이 말은 '불질 없다'에서 유래되었다.

　'불질'은 대장간에서 쇠를 단련할 때 꼭 필요한 과정이다. 대장장이는 불에 달구는 불질과 물에 담그는 담금질, 그리고 망치질을 반복한다. 불질과 담금질, 망치질을 많이 할수록 쇠는 단단해진다. 이런 불질을 하지 않을 때 '불질 없다'라고 했으며, 이 말이 '부질없다'가 된 것이다. 불질하지 않은 쇠는 물렁쇠가 되어 금방 휘거나 부러져 아무 쓸모가 없다.

　해녀들의 이야기다. 그들은 바닷속 깊이 잠수해 들어가서 조개류를 캔다. 그런데 어떤 조개삿갓은 바위에 단단히 붙어 여간해서는 떼어지지 않는다고 한다. 바위를 깨뜨리는 것보다 힘들 정도라는 것이다.

　학자들은 조개삿갓이 이렇게 바위에 강하게 붙은 이유는 오랫동안 파도와 싸운 결과라고 말한다. 엄청난 파도가 그들을 떼내려고 하기에 바위에 더욱더욱 들러붙어서 조개삿갓이 힘있게 된 것이다.

　하나님이 우리를 훈련하시는 이유도 이와 같다. 하나님의 연단, 즉 훈련을 통과해 갈 때, 비가 오나 눈이 오나 그 어느 때도 날 수 있는 강력한 전천후 제자가 되어 간다.

　바울 사도는 비천, 배부름, 배고픔, 풍부, 궁핍의 훈련을 받았다. 이 모든 상황 속에서도 평강을 유지하며 복음을 전할 수 있는 일체의 비결을 배웠다.

　나는 비천에 처할 줄도 알고 풍부에 처할 줄도 알아
　모든 일 곧 배부름과 배고픔과 풍부와 궁핍에도
　처할 줄 아는 일체의 비결을 배웠노라
　내게 능력 주시는 자 안에서
　내가 모든 것을 할 수 있느니라

　빌 4:12,13

　연단을 통과한 사람의 당당한 고백이다.

하나님의 훈련은 나를 강하게 한다

　뱀 같은 지혜가 없이 비둘기같이 순결하기만 하면 악한 마귀에게 속아 넘어가기가 쉽듯이, 강인함 없이 맑기만 한 성품은 연약한 유리그릇과 같아서 쉽게 깨어진다. 강인함은 성도들에게 절실하게 필요한 조건이다. 하나님이 우리를 강하게 만들기 위해 훈련하시는 이유다.

제임스 패커(James Packer)는 성도들에게 필요한 두 가지를 거론했는데, '성숙한 경건'(mature holiness)과 '연단된 꿋꿋함'(seasoned fortitude)이다.

2009년 1월 15일 뉴욕에서 승객 155명을 태운 US 에어웨이즈 소속 비행기가 이륙한 지 약 5분 만에 비행기 엔진에 비상하던 철새들이 빨려들면서 엔진이 정지되는 심각한 위기를 맞이했다. 회항도 할 수 없는 상황이었다.

절체절명의 상황에서 가까운 허드슨강으로 불시착하게 된 비행기는 놀랍게도 물속으로 처박히지 않고 수면을 스치듯이 비행하며 멈었다. 승객 전원이 무사히 구출되었다. 기적이었다. 사람들은 '허드슨강의 기적'이라고 불렀다. 항공사에 길이 남는 위대한 기적이다.

그 위급한 상황에서도 빠른 판단력과 비행 기술로 승객 전원을 살린 조종사가 화제가 되었다. 이 기적을 연출한 사람은 비행시간 1만 9천 시간을 기록한 최고의 베테랑 조종사, 체슬리 설렌버거(Chesley Burnett Sullenberger Ⅲ)였다. 언론에서는 155명의 목숨을 구한 설렌버거 기장의 영웅담이 넘치고 있었다. 세계적인 저널리스트 말콤 글래드웰(Malcolm

Gladwell)은 한 인터뷰에서 설렌버거 기장의 성공 요인을 단호하게 말했다.

"1만 9천 시간의 비행 경험!"

그리고는 기장의 성공담을 월스트리트의 은행가들과 비교하며 설명했다. 허드슨강의 기적은 최고의 훈련을 받은 기장이 있어서 일어난 일이고, 월스트리트의 실패한 은행들은 1만 시간의 훈련을 받지 못한 사람들이 적절한 경험 없이 엄청나게 중요한 결정을 내려온 결과라는 것이다.

체슬리 설렌버거는 자신의 경험을 바탕으로 한 저술을 하는데 그 책의 제목이 《208초를 위한 42년》(Highest Duty)이다. 42년 반복된 신실한 훈련이 208초의 결정적인 순간에 빛을 발한 것이다. 훈련은 이토록 중요하다.

《맹자》의 〈고자〉(告子) 하편 중에 이런 구절이 나온다.

天將降大任於是人也(천장강대임어시인야)

必先苦其心志(필선고기심지)

勞其筋骨 餓其體膚(노기근골 아기체부)

空乏其身 行拂亂其所爲(공핍기신 행부난기소위)

所以動心忍性 曾益其所不能(소이동심인성 증익기소불능)

이것은 이런 의미다.

"하늘이 장차 큰 임무를 어떤 사람에게 내릴 때는
반드시 먼저 그 사람의 의지를 시험하고,
육신을 수고롭게 하고, 배를 굶주리게 하고,
그 몸을 궁핍하게 하고, 하는 일을 어긋나고 어지럽게 한다.
이렇게 해야 비로소 그가 마음을 진작시키고 성품을 단련
해, 그가 해낼 능력이 없는 일에서조차 이루는 바가 있도록
만들 수 있다."

이른바 위인이라고 불리는 사람들은 예외 없이 고난을
통해 거듭났다. 하늘은 그에게 큰일을 맡기기 전에 심지가
괴롭힘을 당하는 고난, 뼈와 근육이 지치는 고난, 굶주리
는 고난, 가난한 고난, 뜻대로 안 되는 고난, 실패하는 고
난을 주어 그를 강하게 함으로써 그가 이전에 해내지 못
하던 일까지도 더욱 잘할 수 있게 한다는 것이다.
하나님이 일반 은총을 통해서 맹자에게도 삶의 진리를
깨닫게 해주셨나 보다.

고된 훈련으로 강하게 하신다

선지자 예레미야는 악인이 형통하고, 자신과 같이 하나님의 말씀대로 살려고 노력하는 의인이 고난받는 것을 체험하며 하나님께 질문한다.

"하나님, 이럴 수가 있습니까. 말씀 한번 해주세요!"

우리 모두의 뼈아픈 질문이기도 하다. 심지어는 악한 자들로 인해 자연 생태계까지 고통당하고 있다고 하소연한다(렘 12:4).

예레미야의 이 고통스러운 탄원에 하나님이 등장하셔서 이렇게 말씀하신다.

만일 네가 보행자와 함께 달려도 피곤하면
어찌 능히 말과 경주하겠느냐
네가 평안한 땅에서는 무사하려니와
요단강 물이 넘칠 때에는 어찌하겠느냐

렘 12:5

이 대답이 참 기가 막히다. "그래, 내가 악인을 싹 쓸어주고 의인을 복되게 하마"라든가, "아프니? 나도 아프다"라고 말씀하셨으면 좋았을 텐데, 이렇게 말씀하신 것이다.

"너는 지금 보행자와 함께 뛰는데도 피곤함을 느끼는 구나. 내가 네게 바라는 것은 말(馬)과 경주할 정도가 되는 거야. 더 나아가 요단강이 창일한 중에도 능히 살 수 있는 강한 사람이 되어야 해!"

예레미야는 지금 자신을 비롯하여 의인들이 고난당하는 것이 너무나 괴로웠다. 그런데 하나님은 의인들을 더욱 강하게 훈련하기 위함이라고 하신다.

모든 고난이 하나님의 훈련은 아니다. 그러나 이 대답처럼 하나님은 때때로 고난을 통해 당신의 자녀들을 강하게 훈련시키신다. 훈련의 강도는 보행자와 경주하여 이기는 정도가 아니라 말과 경주하여 이길 수 있는 수준까지다.

거짓되고 모순된 세상이다. 강해지지 않으면 우리는 돌 하나 맞고 휘청일 것이다. 아니, 떨어지는 나뭇잎 한 이파리를 맞고도 쓰러질 것이다. 수많은 상처 속에 아무 일도 못 할 것이다.

"요단강이 창일한 중에도 능히 살 수 있는 강한 사람이 되어야 해."

바다는 비에 젖지 않는다. 하나님의 훈련을 통과한 사람은 바다같이 커진다.

세계적으로 유대인의 상술(商術)이 유명하지만, 우리나라에서는 '개성상인'이 으뜸 장사꾼이었다. 개성상인은 저절로 만들어지는 것이 아니다. 진정한 개성상인이 되기 위해서는 혹독한 훈련의 과정을 거쳐야 한다.

사업을 맡기기 위하여 아버지는 자기 아들에게 9년간의 기본 훈련을 시킨다. 우선 아들을 장돌뱅이로 내보내 3년간 전국 장터를 돌며 장돌뱅이 일을 하게 한다. 전국 물류의 흐름을 파악하라는 것이다. 하루 종일 일한 후 먹는 것은 오직 저녁 한 끼 술지게미. 돈을 아끼는 극기 훈련을 시킨 것이며, 속이 든든하고 얼큰하면 배고픔을 쉽게 잊고 잠들 수 있기 때문이다.

그리고 나서는 아들을 친구의 가게에 보내 3년 동안 점원 노릇을 하게 한다. 그곳에서 아들은 순종하는 법과 다른 동료들과 어울리는 법을 배운다.

그런 후 비로소 아버지 밑으로 들어가는데, 가장 힘든 것이 바로 아버지 밑에서의 이 3년이라고 한다. 가업을 물려받기 위해서는 무엇보다도 자기 생각을 죽이고 아버지의 뜻을 깨달아야 하기 때문이다. 여기서 실패하면 모든 노력과 훈련이 허사로 돌아간다. 이렇게 긴 과정과 고된 훈련을 통해서 배출된 개성상인이기에 최고의 명성을 얻게 된다는 것이다.

연을 최대한 높이 날리려면 줄을 하염없이 풀어서는 안 된다. 적당하게 잡아당겨 끌어줘야 한다. 연의 입장에서는 고통스럽고 힘든 상황이다. 주인이 자신을 미워하는 것 같다. 당기면 아프고 공기의 저항을 받아 힘든데, 이게 웬일인가. 더 높이 날고 있다. 하나님은 이처럼 우리를 높이 날리기를 원하신다. 해서 줄을 당기는 훈련을 하시는 것이다.

아! 임진왜란

임진왜란 시 왜군은 불과 19일 만에 한양을 점령한다. 싸우지 않고 그냥 걸어간 정도다. 오랜 내전으로 전쟁 경험이 풍부한 데다 조총까지 무장한 왜군 앞에 조선군은 상대가 되지 못했다. 더군다나 200년 동안 이어진 평화 속에 조선군은 싸움의 기술이 없었다.

《선조실록》 1592년(선조 25) 4월 13일자 기록을 보면 이런 구절이 나온다.

"왜구가 침범해 왔다. (중략) 정발은 난병(亂兵) 중에 전사했다. 이튿날 동래부가 함락되고 부사 송상현이 죽었으며 (중략)

200년 동안 전쟁을 모르고 지낸 백성들이라 각 군현들이 풍문만 듣고도 놀라 무너졌다." [18]

다시 한번 이 구절을 보자.

"200년 동안 전쟁을 모르고 지낸 백성들이라 각 군현들이 풍문만 듣고도 놀라 무너졌다."

조선은 건국 이후 역사상 유례가 없는 200년간의 평화를 누렸다. 1392년에 조선이 건국되었고, 임진왜란이 1592년에 일어나니까 정확히 200년이다.

그러다 보니 사회적 분위기는 자연스럽게 문(文)을 숭상하고 무(武)를 천시하는 '숭문천무(崇文賤武)'의 경향이 두드러졌다. 그런 이유로 관료층뿐만 아니라 백성들도 전쟁에 대한 위기의식이 부재하고 전쟁 대비나 무기 개발, 국경 방어 같은 것들이 거의 이루어지지 않게 되었다.

조선은 16세부터 60세까지 모든 백성에게 병역 의무를 지웠다. 직접 병역 의무를 수행하는 정군(正軍)이 있었고, 정군의 생계를 책임지는 봉족(奉足)들이 있었다.

---

18) 신병주, 《왕으로 산다는 것》, (매일경제신문사, 2017), p.104.

그런데 전쟁이 없다 보니 정군들은 성 쌓기나 길 닦기 같은 각종 요역(徭役)에 자주 동원되었다. 또한 당시 돈 역할을 대신하던 포(布)를 납부하는 것으로 병역을 때우는 수포대립(收布代立) 현상이 발생했다. 각 관아에서도 농민들에게 병역 의무를 지우는 것보다 포를 받고 군역을 면제시켜 주는 것을 이익으로 생각했다. 싸움의 준비도 없었고, 싸움의 기술도 익히지 못한 것이다.

그러던 중 1592년 일본의 침략으로 시작된 7년 동안의 임진왜란은 전 국토를 초토화하고 조정의 피난, 백성들의 굶주림 등 총체적 난국을 초래했다.

임진왜란 시 조선군을 가장 괴롭힌 것은 일본군의 조총이었다. 그런데 사실 임진왜란이 발발하기 전 두 번에 걸쳐 조선에 조총이 소개되었다. 그러나 조선은 아무런 조치도 취하지 않아 임진왜란이 어려운 싸움이 되었다.

일본에 조총이 전래된 지 12년 되던 1555년, 일본인 평장친(平長親)은 당시 조선의 임금이던 명종에게 조총을 조정에 바치고 제작기술을 전수하겠다고 제의했다. 하지만 조총 만드는 데 쓸 철이 없다는 이유로 명종이 반대해 흐지부지되고 말았다. 안 쓰고 뒹구는 종을 녹여서 쓰자는 일부 신하들의 건의도 받아들여지지 않았다.

임진왜란이 일어나기 3년 전인 1589년에는 대마도주인 소 요시토시(宗義智)가 통신사를 일본에 보낼 것을 청하면서 최신식 조총을 예물로 조선 조정에 바쳤지만, 아무런 관심 없이 창고에 처박아 놓았다.

  그 결과 임진왜란 때, 조총을 앞세운 왜군의 공격에 조선은 속절없이 무너져 갔다. 임진왜란 전 일본은 전국시대를 맞아 수많은 전투 전쟁의 연속이어서 조총의 소중함을 깨달았지만, 조선은 200년간 전쟁이 없었기에 오랜 평화의 시기 속에서 조총을 보는 안목을 갖지 못했다.

  또 한 가지 한심했던 사실을 살펴보자.

  임진왜란이 일어나 파죽지세로 한양으로 진군하는 왜군의 소식이 들려왔다. 조정에서는 급히 조령, 죽령, 추풍령 등 전략적 요충지에 대한 방어를 계획했다. 이에 순변사 이일(季鎰) 장군이 조령 방어를 위해 도성에서 300명을 모아 출전하려 했다.

  그런데 모인 군사들은 형편없었고, 군사로 모집된 유생들은 관복을 입고 과거 시험 때 쓰는 종이를 들고 나왔다. 붓을 들고 전쟁하겠다는 것이다. 이일 장군은 3일이 지난 뒤에야 겨우 60여 명의 군관만 이끌고 출발했다. 한마디로 임진왜란은 훈련되지도 않고 준비되지 않은 상태에서 맞은 참화였다.

4세기 로마 제국의 군사 저술가 플라비우스 베게티우스 레나투스가 저술한 병법서 《군사학 논고》(De Re Militari)에서 유래한 유명한 격언이 있다.

"Si vis pacem, para bellum"(시 비스 파켐, 파라 벨룸)
평화를 원한다면 전쟁을 준비하라

아무 고난이 없는 무풍지대(無風地帶)에서는 어느 나라든 누구든 안일해지게 되어 있다. 고난에는 나를 강하게 하는 역설이 있다.

윈스턴 처칠은 "연은 순풍이 아니라 역풍(逆風)에 가장 높이 난다"라고 하였다. 노련한 선원은 잔잔한 바다가 아닌 거친 바다에서 길러진다. 하나님은 우리에게 고난을 허용하시면서 강하게 연단하신다.

여호와여 내가 알거니와 주의 심판은 의로우시고
주께서 나를 괴롭게 하심은 성실하심 때문이니이다
시 119:75

"주께서 나를 괴롭게 하심은 성실하심 때문이니이다"를 NLT(New Living Translation) 성경에서는 이렇게 번역했다.

"You disciplined me because I needed it."
하나님이 나를 훈련시키십니다. 내게 필요하기 때문입니다.

그렇다. 인간의 입장에서 보면 고난 같지만, 하나님의 입장에서는 우리를 훈련하시는 것일 때가 있다. 그리고 이 훈련은 꼭 필요하다.

하나님의 훈련소, 광야 학교

하나님은 애굽에서 종살이하며 고통스러워하는 이스라엘 백성들의 기도를 들으셨다. 출애굽을 준비하신다. 사실 출애굽 이전에 이미 이스라엘 백성들을 약속의 땅 가나안으로 데려가실 계획을 갖고 계셨다.

그런데 가나안으로 들어가려면 광야를 통과해야 한다. 이스라엘 백성들의 부정적인 자아와 불순종을 정화하기 위해서다. 이에 그들을 광야에서 가나안까지 무사히 인도할 리더가 필요하였다. 하나님은 그러한 인물로 모세를 생각하시고 그를 40년 동안 광야에서 훈련받고 연단 받게 하셨다.

모세는 40년 동안 광야 체험을 했다. 어디가 평지이고 어디가 구덩이며, 어디에 독사가 우글거리는지 경험했다. 광야의 온도, 기후, 바람, 토질을 느꼈으며 오아시스를 보았다. 또한 광야 근처 거주민들의 성향 등을 잘 알게 되었다. 이러한 기술은 단시간에 가질 수 없다. 40년이나 걸렸다.

모세에게 광야 40년의 세월이 없었다면 이스라엘 백성을 가나안 땅으로 인도하기가 불가능했을 것이다. 모세 입장에서는 광야 생활이 고난 내지는 허송세월 같았겠지만, 그 기간은 매우 값진 시간이었다. 그 시간이 있었기에 출애굽의 지도자 모세로 다시 태어난 것이다. 하나님 안에서 고난의 낭비는 없다. 헛된 고난은 없다.

모세가 입학한 광야 학교는 고난의 학교였다. 훈련의 학교였다. 모세는 이집트 왕궁에서 40년 동안 현대 문물과 학문을 배웠다. 그러나 애굽 궁궐에서 결코 배울 수 없는 것들을 광야 학교에서 배웠다.

영감 있는 설교가 찰스 스윈돌(Charles Rozell Swindoll)은 모세가 광야에서 삶의 가장 중요한 네 가지 박사학위를 받았다고 말한다.

첫째, 무명 박사학위다.

이제까지 모세는 애굽의 왕자로서 사람들의 주목을 받는 일에 익숙하였다. 그러나 광야에서는 아무도 알아주는 이가 없는 무명으로 살게 된다. 그때 비로소 자신이 대단한 것이 아니라 자신을 통해 일하시는 하나님이 위대하심을 알게 되었다.

둘째, 기다림 박사학위다.

모세는 기다림의 미학을 광야에서 배운다. 하나님을 앞서가지 않고 하나님의 때를 기다리는 법을 알게 되었다.

셋째, 고독 박사학위다.

모세는 광야에서 혼자가 무엇인지 배운다. 하나님 앞에서 단독자로 설 수밖에 없는 인간의 본질을 알게 된다.

넷째, 불편 박사학위다.

광야의 거친 환경은 모세로 하여금 강하고 단단한 영성과 지성과 육신을 만들었다.

무엇보다도 모세는 광야 생활 동안 양 떼 돌보는 것을 배웠다. 앞으로 모세가 이끌어야 할 수십만의 이스라엘 사람들은 거절하고, 불평하고, 원망하고, 시비 걸고, 제멋대로 다니는 양 떼와 같았다. 모세는 40년의 광야 훈련을 통해 이스라엘 민족의 리더로 준비되었다.

세익스피어의 4대 비극 중 하나인 《리어왕》(King Lear)에는 유명한 구절이 나온다.

"내가 누구인지 말할 수 있는 자는 누구인가!"

아집이 만든 자기만의 세계에 머무르는 일에 익숙했던 리어가 두 딸에게 밀려나서 광야에 던져지고 나서야 비로소 자신이 누구인지 질문한다. 리어왕은 벼락, 섬뜩한 천둥, 포효하는 비바람 소리가 가득한 광야에서 두 딸의 배신에 몸서리치며 절규한다.

"내가 누구인지 말해줄 사람이 있는가?"

하나님은 그분이 쓰실 귀한 일꾼들을 광야로 보내신다. 그곳에서 하나님이 누구시며 자신이 누구인가에 대해 영혼 깊이 배우게 하신다. 버려야 할 부정적 자아는 어떤 것인지, 교만은 무엇인지, 나를 부르신 하나님의 뜻이 무엇인지 알아가며 '단독자'로서 하나님과 만나는 곳이 광야이고 광야의 시간이다.

사울과 솔로몬에게는 광야가 없었다. 그리하여 쉽게 무너졌다. 그러나 다윗에게는 광야의 교훈이 있었기에 무너지지 않고 '하나님 마음에 합한 자'가 되어갔다.

사도 바울의 삶도 그러했다. 학문적으로, 신분적으로

탁월했던 그가 세상에서 형통의 길을 갈 수도 있었지만, 하나님은 그를 오직 주님만 의뢰하는 인생으로 인도하기 위해 17년 동안 연단하셨다.

다메섹에서의 회심 이후 바울의 뇌리에는 자신이 핍박했던 믿음의 형제들에 대한 사죄와 스데반을 죽인 죄책감, 선택해주신 주님에 대한 감격이 뒤엉켜 있었을 것이다. 하나님은 바울이 옛사람의 속성과 모든 감정의 앙금을 씻을 수 있도록 긴 세월 아라비아에서 고독한 시간을, 또한 고향 다소에서도 소외와 고뇌의 시간을 갖게 하셨다.

광야는 꼭 필요한 곳이다. 하나님이 쓰시는 사람은 반드시 광야 훈련 학교를 졸업해야 한다. 이 진리에는 한 사람도 예외가 없다. 광야에서 자아가 죽는 법과 겸손과 하나님을 의뢰하는 법을 배우게 된다.

> 네 하나님 여호와께서 이 사십 년 동안에
> 네게 광야 길을 걷게 하신 것을 기억하라
> 이는 너를 낮추시며 너를 시험하사
> 네 마음이 어떠한지
> 그 명령을 지키는지 지키지 않는지 알려 하심이라
> 너를 낮추시며 너를 주리게 하시며

또 너도 알지 못하며 네 조상들도 알지 못하던 만나를
네게 먹이신 것은 사람이 떡으로만 사는 것이 아니요
여호와의 입에서 나오는 모든 말씀으로 사는 줄을
네가 알게 하려 하심이니라

신 8:2,3

벼루 열 개, 붓 일천 자루

吾書雖不足言(오서수부족언)
七十年磨穿十硯 禿千毫(칠십년마천십연 독천호)
내 글씨는 말하기에 아직 부족함이 있지만
칠십 평생에 나는 벼루 열 개를 구멍 냈고
붓 일천 자루를 몽당붓으로 만들었다네

추사 김정희가 친구인 권돈인에게 보낸 편지의 한 구절
이다. 김정희는 우리 역사를 통틀어 신필(神筆)이라고 불리
며 최고의 서예가로 꼽힌다. 자신만의 독특한 추사체(秋史
體)로 유명한데 그의 글씨는 저절로 나온 것이 아니었다.
피눈물 나는 장인적 수련을 하였다. 도대체 얼마나 먹을

갈아야 벼루를 구멍 낼 수 있을까. 얼마나 글을 써야 붓 일천 자루를 몽당붓으로 만들 수 있는 것인가.

서성(書聖)으로 불리는 중국의 왕희지도 자신만의 서체를 얻기 위해 연못이 까매지도록 먹을 갈았다고 한다. 도대체 얼마나 많은 먹을 갈아야 연못이 까매지는가.

김정희의 초기 글씨는 반듯하다. 기본기를 익히기 위함 이다. 그러다가 '세한도'를 그릴 때 즈음에는 글씨가 날아 가는 듯하다. 말기에 가면 어린아이의 크레용 글씨 같은 서체가 나온다. 마침내 사람들의 평판과 인정과 관심에서 다 벗어나 추사체가 완성된 것이다.

그런데 추사체는 단순히 글씨 쓰는 기예로 이루어진 것 이 아니다. 당대 청나라의 고증학과 금석학 등 깊은 학문 과 예술이 어우러진 것이었다. 무엇보다도 그의 긴 귀양살 이를 통해 심화된 내공의 결정체였다.

까칠한 사람이었던 김정희는 사람들과 많이 부딪혔고, 다른 사람의 서예를 혹평하기로 유명했다. 그런 그가 고난 을 먹고 변화되어 가며 긴 사색과 연습 속에서 추사체를 만 들어 간 것이다. 무엇보다도 벼루 열 개를 밑창 내고 붓 일 천 자루를 몽당붓으로 만드는 노력 속에 만들어진 것이다.

서예가들 사이에는 "한 일(一) 자를 10년 쓰면 붓끝에서 강물이 흐른다"라는 말이 있다. 붓끝에서 강물이 흐르도록 연습하고 훈련할 때 경지에 다다른다.

일본 에도시대 전설의 검객인 미야모토 무사시(宮本武藏)는 일평생 60여 차례의 결투에서 단 한 번도 패배한 적이 없는, 일본 최고의 검신(劍神)으로 추앙받는 인물이다. 그는 쌍검을 사용해 상대방을 제압하는 이천일류(二天一流) 병법의 원조로, 라이벌이었던 사사키 코지로와의 대결은 소설, 만화, 영화에도 많이 등장하는 전설적인 결투였다.

그가 남긴 병법서 《오륜서》(五輪書, The Book of Five Rings)는 손무의 《손자병법》(孫子兵法), 클라우제비츠의 《전쟁론》(Vom Kriege)과 함께 세계 3대 병법서로 손꼽히며, 하버드 경영대학 필독서 및 미군 육군사관학교 교재로 활용되었다.

무사시는 《오륜서》에서 검술 수련의 세 가지 키워드를 말한다. '음미'(吟味), '궁리'(窮理), '단련'(鍛鍊)이다. 여기서 특히 '단련'에 주목해야 한다. 그는 검술의 잔재주만으로는 상대를 이길 수 없고 검법을 익히기 위하여 몸과 마음을 함께 '단련'해야 한다며 이와 관련하여 유명한 말을 하였다.

"천(千) 일의 연습을 단(鍛)이라 하고, 만(萬) 일의 연습을 연(鍊)이라 한다."

즉 천 일, 만 일 '단련'을 해야 이길 수 있다는 것이다.

영어로 '성공하다'라는 뜻의 단어 'Succeed'에는 '계속하다'라는 의미도 있다. 문자 그대로다. 성공을 위해서는 '지속적으로 훈련'하는 것이 결정적이다. 처음에는 땀과 노력이 수반되지만 매일 하는 습관은 일상이 되고 점차 육화(肉化)되어 기예(技藝)가 된다.

반복된 훈련이 명인을 만들고 달인을 만든다. 반복의 시간을 견디지 못하면 대가가 될 수 없다. 오랜 반복 훈련이야말로 경지에 이르는 길이다. 반복 훈련을 통해 경지에 이른 이들은 긴급한 위기 상황에도 대처할 수 있다.

다윗이 사울에게 말하되
주의 종이 아버지의 양을 지킬 때에
사자나 곰이 와서 양 떼에서 새끼를 물어가면
내가 따라가서 그것을 치고 그 입에서 새끼를 건져내었고
그것이 일어나 나를 해하고자 하면
내가 그 수염을 잡고 그것을 쳐죽였나이다

삼상 17:34,35

다윗이 골리앗과 대결하기 전 사울 왕에게 한 말이다.

그는 아버지의 양을 지킬 때 생명 걸고 지켰다. 사자와 곰의 발톱에서 양들을 건져냈다. 목숨 걸었다는 말이다. 어린 다윗이 어떻게 사자나 곰의 입에서 양을 구해 냈을까?

다윗 당시 목동들이 공통적으로 가지고 있었던 실력이 있었다. 바로 물맷돌 던지는 실력이다. 많은 성경학자는 다윗 또한 이런 물맷돌 실력이 탁월하여 사자나 곰의 입에서 양을 건져냈다고 한다. 옳은 분석이다.

그날 처음으로 물맷돌을 잡은 다윗이 하나님의 전적인 은혜로 골리앗의 이마에 돌을 맞힐 수 있었을까? 그렇지 않다. 그동안 쌓아왔던 물맷돌 실력에 하나님의 은혜가 임하자 골리앗을 물맷돌로 무찌를 수 있었던 것이다.

그 물맷돌 실력은 설렁설렁 놀다가 생긴 것이 아니다. 피나는 연습과 훈련 속에 길러진 것이다. 그 실력에 하나님의 은혜가 더해져서 골리앗을 물리친 것이다.

훈련이 축적될 때 실력도 쌓인다

시수(詩瘦)라는 말이 있다. 문자 그대로 시 쓰기에 너무 골몰하다 여윈 것을 일컫는 말이다. 이백이 시작(詩作)에 골몰하다 몸이 여윈 두보를 보고 시를 썼다.

借問別來太瘦生(차문별래태수생)

總爲從前作詩苦(총위종전작시고)

묻노니 지난번 헤어진 후로 어찌하여 그다지 말랐느뇨

다만 이제껏 시 짓는 괴로움 때문일 테지

시수(詩瘦)는 이 시 후에 생긴 말이다. 시 또한 빈둥빈둥 살다가 한가로이 내뱉는 음풍농월(吟風弄月)이 아니다. 이 세상에서 연습과 훈련 없이 이룰 수 있는 것은 시정잡배들의 술타령밖에 없을 것이다.

20세기 최고의 지휘자 레너드 번스타인도 이런 말을 했다.

"하루를 연습하지 않으면 내가 알고, 이틀을 연습하지 않으면 아내가 알고, 사흘을 연습하지 않으면 청중이 안다."

서울 공대 교수 26명의 석학이 저술한 《축적의 시간》에 따르면 선진국을 선진국 되게 하는 절대 기술은 어떤 비밀 문서에 적혀 있는 것도 아니고, 대부분 문서화할 수도 없는 것들이라고 한다. 오랜 시간 동안 직접 해보며 시행착오를 겪지 않으면 도저히 얻을 수 없는, 개인과 조직의 머리와 가슴에 체화한 유·무형의 가치이기 때문에 압축 성장이

나 월반도 불가능하다고 한다. 이렇게 반드시 과정을 거쳐야만 얻을 수 있기에 '축적의 시간'이라고 말한 것이다.

고수(高手)와 달인(達人)은 매일 쌓이고 쌓인 훈련이 몸과 마음에 축적되고 체화(體化)된 사람들이다. 최고의 추상화를 그리는 화가도 기본적인 구도, 색감, 형태의 기본이 탄탄한 사람이다.

설렌버거 기장의 성공 요인을 말한 말콤 글래드웰이 승리와 행복을 위한 필승 공식들을 이야기했는데 그중 하나가 어떤 분야든 1만 시간을 투자할 때 그 일에 전문가가 된다는 '1만 시간의 법칙'이다. 이 법칙을 다른 말로 하면 '1만 성실의 법칙', '1만 시간 훈련의 법칙'이다.

"잔잔한 바다에서는 좋은 뱃사공이 만들어지지 않는다"라는 영국 속담처럼 훈련과 고난 없이 성공한 사람 없고, 훈련 없이 훌륭한 성과를 얻을 수 있는 사람도 없다. 훌륭한 작품은 그만큼 더 많은 훈련을 거친 결정체다.

개구쟁이 소년이 세계적인 축구 선수로 그라운드에 서는 방법, 꿈 많은 소녀가 세계적인 발레리나로 무대에 서는 방법. 그것은 하루하루를 성실하게 천 일, 만 일을 연습하고 훈련하는 것이다. '하루'는 약해 보이지만 성실한 '연습'이 모인 '매일'은 강하다. 기적같이 보이는 일 뒤에는 기적에 가까운 연습이 있다.

기적의 예술가라고 불리는 미켈란젤로는 "내가 지금의 경지에 이르기 위해 얼마나 열심히 연습했는지 사람들이 안다면 내가 하나도 위대해 보이지 않을 것이다"라고 말했다.

신앙은 더욱 그러하다. 추사 김정희가 정자체(正字體)에서부터 시작했듯이 신앙의 기본인 신실한 예배, 말씀 생활과 기도 생활, 그리고 전도와 선교, 구제 생활을 억만 번 강조해도 다함이 없다.

훈련 속에 눈물의 씨를 뿌리다 보면 실력은 어느덧 먼지처럼 쌓이게 된다. 그리고 그 '연습'이 어느덧 '즐거움'이 된다. 즐거움이 모든 성공의 최고봉이다. 즐거움으로 일하는 사람을 당해 낼 수가 없다. 즐거움이 공중부양의 최고봉이다. 그 즐거움은 꾸준한 훈련에서 나온다.

> 망령되고 허탄한 신화를 버리고
> 경건에 이르도록 네 자신을 연단하라
> 육체의 연단은 약간의 유익이 있으나
> 경건은 범사에 유익하니
> 금생과 내생에 약속이 있느니라
>
> 딤전 4:7,8

불과 물을 통과하였더니

하나님의 훈련에 대한 중요한 구절이 시편 66편에 나온다.

하나님이여 주께서 우리를 시험하시되

우리를 단련하시기를 은을 단련함같이 하셨으며

우리를 끌어 그물에 걸리게 하시며

어려운 짐을 우리 허리에 매어 두셨으며

사람들이 우리 머리를 타고 가게 하셨나이다

우리가 불과 물을 통과하였더니

주께서 우리를 끌어내사 풍부한 곳에 들이셨나이다

시 66:10-12

이 구절에서 '단련'은 히브리어로 '차라프'인데, '제련하다, 연단하다'라는 의미가 있다. 금속에 포함된 불순물을 제거하여 순도를 높이는 것을 가리키는 단어로, 훈련한다는 의미다.

하나님이 우리를 이끌어 그물에 걸리게 하시며 어려운 짐을 허리에 매어두시고, 심지어는 사람들이 우리 머리를 타고 가게 하신다. 이 모든 것이 우리를 단련하는 과정, 훈련하는 과정이라고 하신다.

그물에 걸린 물고기가 살아나려고 얼마나 퍼덕거리는가. 사람의 그물, 돈의 그물, 일의 그물에 걸릴 때 얼마나 몸부림치며 이겨내야 하는가. 허리의 짐은 앞으로 달리지 못하게 하며 발목을 잡는다. 그래도 앞으로 가야 한다. 이때 얼마나 땀과 눈물을 흘리는가.

심지어는 사람들이 우리의 머리를 타고 가게 하신다고 했다. 아마도 전쟁터에서 쓰러져 있는 아군들 위로 적의 기마병이나 병거의 바퀴가 짓밟고 가는 것을 의미할 것이다. 사람들에게 내 명예가 짓밟히고 인격이 밟힌다. 고통과 수치다. 이때 할 수 있는 것이라고는 고개를 들어 하나님을 바라보는 것뿐이다. 그리고 견디는 것이다. 이 훈련을 통과해야 한다.

사울 왕에게 쫓기던 다윗이 어느 날 가드 왕에게로 도망한다. 가드는 다윗이 죽인 골리앗의 고향이다. 살기 위해서 다윗은 거기서 침을 흘리고 땅을 기며 미친 척을 한다. 하나님은 그때 짠! 하고 나타나서 기적적으로 그를 구출하시지 않았다. 내버려두어 미친 사람의 지경까지 낮추신다.

하나님은 다윗의 광야 생활 내내 기적을 보여주시지 않았다. 가장 기적이 필요한 시기에 기적을 보이시는 대신 온

몸으로 고난을 그대로 겪게 하셨다. 다윗은 이러한 광야 생활을 통해 치열한 현실에 뿌리박은 영성을 배우게 된다.

그런데 그것이 끝이 아니다. 다음이 중요하다.

… 우리가 불과 물을 통과하였더니
주께서 우리를 끌어내사 풍부한 곳에 들이셨나이다
시 66:12

하나님은 우리를 불과 물 속에 그대로 놔두시지 않는 다. 통과할 수 있도록 힘을 주신다. 차가운 물과 뜨거운 불을 통과하면 우리는 비로소 풍부한 곳에 들어서며, 물 불을 뛰어넘는 전천후 강한 용사가 된다. 훈련의 힘이다.

성경에 나오는 위대한 신앙의 사람들은 모두 다 대나무 의 마디와 같은 고난이 있었다. 아브라함도, 이삭도, 야곱 도, 요셉도, 모세도, 욥도, 이스라엘 백성도, 베드로도, 바 울도 모두 다 불 같은 훈련을 받고 난 후에 하나님의 일들 을 감당하는 위대한 하나님의 종이 되었다.

종이는 접힐 때 아픔을 느낀다. 그러나 접힌 종이가 비행 기가 되어 날아간다. 쇠가 미워서 때리는 것이 아니다. 기대 와 소망이 있기 때문이다. 목적과 방향이 있기 때문이다.

훈련은 누구나 다 피하고 싫은 것이지만 훈련 없이는 그 어떤 열매도 없다. 은이나 금과 같은 부귀영화로 훈련하는 법은 없다. 훈련은 땀과 노력과 수고의 과정이다.

보라 내가 너를 연단하였으나
은처럼 하지 아니하고
너를 고난의 풀무 불에서 택하였노라

사 48:10

마찬가지로 하나님이 인생을 고통과 상처와 아픔으로 훈련하시는 경우가 많다. 이러한 과정을 극복해야 강한 용사가 된다.

명검을 떠올려보자. 수백 번, 수천 번의 담금질이 없었다면 그처럼 세대를 관통하는 명검이 탄생할 수 있었겠는가. 단련 없이 명검은 날이 서지 않는다. 자연도 그렇다. 앵두 한 알도 제대로 된 맛을 내기 위하여, 많은 해와 밤의 담금질을 거쳐 좋은 맛을 피운다.

인내는 연단을, 연단은 소망을 이루는 줄 앎이로다

롬 5:4

매일의 훈련이 내일의 기적을 만든다. 성공의 비밀, 그것은 바로 반복된 훈련이다. 신앙은 더욱 그러하다. 제자는 저절로 태어나는 것이 아니라 신실한 훈련과 연습으로 태어난다.

고난을 견뎌내고 훈련을 통과하고 비가 오나 눈이 오나 신실한 예배와 기도, 성경 묵상으로 꾸준히 주님께 붙어 있는 신앙 연습이 쌓이고 쌓일 때 하나님이 주시는 기적을 체험한다.

우리는 고난받는다고 생각하지만 하나님은 훈련시키신다. 하나님은 훈련시키는 하나님이시다. 그리고 훈련을 위한 고난이 있다. 이 고난을 통해 전쟁에서 이길 수 있는 강한 용사가 된다.

… 잠깐 고난을 당한 너희를

친히 온전하게 하시며 굳건하게 하시며

강하게 하시며 터를 견고하게 하시리라

벧전 5:10

5장

고난이 유익한 이유

밀물에는 고기가 들어오고, 썰물에는 갯벌이 생긴다.

　승리만이 삶의 영광이 아니다. 분명 고난이 유익할 때가 있다. 예를 들어 치료를 위한 수술을 할 때, 아기를 낳기 위해 해산의 진통을 겪을 때, 이때의 아픔은 '더욱 큰 선', 즉 건강의 회복과 아기의 탄생을 위한 필요조건이 된다. 이때의 고통은 악이 아니라 선이다.

　고난당한 것이 내게 유익이라

　이로 말미암아 내가

　주의 율례들을 배우게 되었나이다

시 119:71

비빔밥을 만들어주시는 하나님

하나님은 복과 고난을 섞어 주시면서 우리를 빚어 가신다.

악기의 황제라는 피아노가 탄생한 것은 바로크 시대다. 풀네임은 '포르테피아노' 또는 '피아노포르테'다. 포르테피아노는 '세계'를 의미하는 포르테(forte)와 '여리게, 약하게'를 나타내는 피아노(piano)의 합성어로, 이것을 줄여 피아노라고 부르게 되었다.

지금의 피아노 건반은 88개다. 흰 건반 52개와 흰 건반의 사이음을 내는 검은 건반 36개로 구성된다. 피아노의 검은 건반과 흰 건반을 '에보니 앤 아이보리'(Ebony and Ivory)라고 표현하기도 한다. 피아노는 이렇듯 '약하게'와 '강하게', '에보니'와 '아이보리'가 조화를 이루며 소리를 내는 것이다.

시계도 그러하다.

아날로그 손목시계를 뜯어서 안을 들여다보면 작은 톱니바퀴들이 정밀하게 돌아가고 있다. 모양과 크기도 가지각색이다. 그런데 자세히 보면 어떤 것은 오른쪽으로 돌고 어떤 것은 왼쪽으로 돈다. 어느 톱니바퀴는 시계 방향으로 돌고 다른 것은 반대 방향으로 돌지만, 모든 톱니바퀴가 합력하여 시곗바늘을 움직이고 있다.

만약 내가 이해할 수 없다고 해서 시계 방향으로 도는 톱니바퀴만 놔두고 반대로 도는 것은 다 뜯어낸다면 시계는 고장 나고 멈춘다.

　　우리 인생도 마찬가지다. 에보니만 있거나 아이보리만 있다면, 왼쪽으로만 돌거나 오른쪽으로만 돈다면, 화창한 날만 있다면 우리 인생의 대지는 사막이 된다. 때때로 비가 내려야 한다. 하나님이 그래서 이 모든 것을 섞어서 주신다.

　　피아노도 시계도 음식으로 말하자면 비빔밥이다. 하얀 쌀밥 위에 모여든 빨강, 초록, 노랑, 주황 각자 다른 빛깔, 다른 맛이지만 서로 어울려 한 그릇에 녹아든다. 숟가락으로 휘휘 저을 때마다 재료들은 더 깊이 섞이고 각자의 맛을 나누어 가진다. 다른 듯 어우러지는 각기 다른 맛들이 하나로 섞이며 더 깊은 맛이 난다.

　　비빔밥은 이렇듯 갖가지 재료와 양념이 서로 어우러져 저마다 고유한 맛을 지니면서도, 조화롭게 비벼져서 새로운 맛을 낸다. 섞임과 화합과 융합의 미학이다. 하나님은 우리에게 비빔밥을 만들어주신다.

　　비빔밥을 주시는 하나님의 마음을 더욱 이해하기 위해

모압 이야기를 살펴보자.

모압은 요단강 동편에 이스라엘과 국경을 맞대고 있는 나라로, 아브라함의 조카 롯의 아들인 모압을 시조로 하는 도시 국가다.

그들은 이스라엘이 광야 40년 생활을 마치고 가나안 땅으로 들어갈 때 모압 땅을 통과하도록 허락하지 않았고(삿 11:17) 이스라엘이 모압 평지에 진을 치자 모압 왕 발락이 무당 발람에게 이스라엘을 저주하도록 했다(민 22-24장). 또 이스라엘이 싯딤에 있을 때는 모압 여인들과 음행의 죄를 짓게 하였다.

이스라엘은 사사 시대에 18년 동안 모압의 지배를 받기도 했다. 다윗 시대에 모압을 정복한 이후로 모압은 이스라엘에 조공을 바쳤다. 솔로몬 때에 모압 여인들과 결혼하면서 우호적 관계를 유지했지만 그들의 신 그모스를 이스라엘 땅에 퍼뜨리는 결과를 가져온다.

훗날 모압은 암몬과 연합해 이스라엘을 침공하지만 성공하지 못했고, 앗수르에게 멸망 당하기까지 대대로 이스라엘에 골치 아픈 존재로 남는다.

한마디로 약속의 백성 이스라엘에게 골치 아픈 족속이다. 하나님은 그런 족속에게 불벼락을 내리셨는가? 아니다. 하나님은 오히려 그들에게 편안함을 주었다. 그것이 징벌이었다.

> 모압은 젊은 시절부터 평안하고
> 포로도 되지 아니하였으므로
> 마치 술이 그 찌끼 위에 있고
> 이 그릇에서 저 그릇으로 옮기지 않음 같아서
> 그 맛이 남아 있고 냄새가 변하지 아니하였도다
>
> 렘 48:11

이게 무슨 의미인가.

시간이 흐르고 세월이 가도 모압의 그 부패한 근성은 조금도 바뀌지 않았다. 옛 습관과 전통에 안주해 있고 옛 맛 속에서만 살아 냄새가 변하지 않고 부패해졌다. 심지어 외세에 의해 유린되거나 포로로 잡혀간 적도 없기에 그들은 "우리는 용사요 능란한 전사"(렘 48:14)라며 자신들에 대한 교만한 확신에 사로잡혀 있었다.

그들은 왜 그렇게 변할 줄을 몰랐을까? 고난이 없었기 때문이다. 포도주는 익을 때 적당히 그릇을 계속 옮겨주어야 찌끼가 생기지 않고 향기롭다고 한다. 그런데 모압에게는 그것이 없었다. 그들은 줄곧 찌끼가 낀 포도주처럼 산 것이다. 고난이 없자 이들에게 멸망의 찌끼가 생겼다. 육적인 찌끼, 게으름의 찌끼, 교만의 찌끼가 쌓였다.

"술이 그 찌끼 위에 있고"

그저 편안한 것이 축복인 줄 알았다. 그러나 어느 한순간에 날아간다.

모압이 여호와를 거슬러 자만하였으므로
멸망하고 다시 나라를 이루지 못하리로다

렘 48:42

인도양 모리셔스 섬에는 도도새가 살고 있었다. 16세기 포르투갈 선원들과 네덜란드 사람들이 이 섬에 상륙하기 전까지만 해도 섬의 주인은 도도새였다.

75센티미터 남짓한 키에 무게가 25킬로그램이나 되는 이 새는 언제든 먹이를 구할 수 있을 뿐 아니라 천적이 전혀 없는 천혜의 환경에서 살고 있었기 때문에 날갯짓도 하지 않고 게을러졌다.

인간들이 앞에 나타났을 때 경계심이 전혀 없는 이 새들은 도망가지도 않고 멀뚱히 바라보다가 먹이가 되곤 했다.

결국 멸종의 운명을 맞게 되는데 사람들이 이 새에게 붙여준 이름이 '도도'다. 포르투갈 말로 '바보'라는 뜻이다.

평안한 호수에는 이끼가 끼고, 출렁이는 바다에는 이끼가 낄 새가 없다. 하나님이 우리에게 고난을 허락하신 이유가 이와 같다. 아무런 어려움이 없는 무풍 인생은 우리를 약하게 하고, 정신과 마음에 찌끼가 끼게 하고, 심지어는 타락하게 할 수가 있다. 작고 큰 어려움이 있을 때 우리는 기도하고 부르짖으며 더욱 강해지고 새로워진다.

아무 생각 없이 살면 머슴살이 3년하고도 주인 성도 모른다는 말이 있다. 무관심하게 살면 시집살이 3년하고도 시어머니 이름도 모른다는 말이 있다.

무심하고 밋밋하게 살다보면 믿음이 무엇인지 그 믿음의 맛이 무엇인지 모르고 살 경우가 많다. 하나님을 맛보아 살라고 하셨는데(시 34:8) 아무 맛도 느끼지 못하고 살 때가 있다. 이런 우리를 고난이 깨운다.

담임 목회를 하면서 가장 뜨겁게 기도하고 찬송할 때가 있다. 고난의 때가 그러하다. 모든 성도가 그러하듯 목사도 고난은 정말 싫다. 특히나 내 잘못이 아닌데도 고난을 겪을 때는 더욱 그러하다. 그런데 고난의 때에 가장 하나님이 가까이 계시는 체험을 한다.

흐리고 비 오는 날만 계속된다면 인생이 너무나 힘들고 고달프다. 그렇다고 맑은 날만 계속되면 찌끼가 끼고 사막이 된다. 그렇기에 하나님은 비빔밥처럼 이 두 날을 적절하게 섞어 주시며 우리를 빚어 가신다.

형통한 날에는 기뻐하고
곤고한 날에는 되돌아보아라
이 두 가지를 하나님이 병행하게 하사
사람이 그의 장래 일을
능히 헤아려 알지 못하게 하셨느니라

전 7:14

너희 중에 고난당하는 자가 있느냐
그는 기도할 것이요
즐거워하는 자가 있느냐
그는 찬송할지니라

약 5:13

'불편함'의 고난을 주시는 하나님

우리는 두려울 정도로 편리한 세상에 살고 있다. 편리한 것이 행복이라는 우상에 빠져 있다. 청소는 청소기가, 세탁은 세탁기가, 요리는 패스트푸드와 가공식품이, 걷는 것은 자동차가 대신해준다.

시간을 단축하고 몸을 편리하게 해주지만, 패스트푸드와 가공식품은 몸의 균형을 깼고, 몸의 편리는 각종 질병을 불러왔다. 작가 아오키 아키라는 "불편해야 건강하다"라고 했다. "우유를 시켜 먹는 사람보다 우유를 배달하는 사람이 더 건강하다"라는 말이 있다. 하나님은 우리를 움직이도록 창조하셨다. 조금은 불편하고, 조금은 땀을 흘릴 때 건강하다.

언어학자들에 의하면 말은 풍족하고 감탄스러울 때 배우는 것이 아니라 모자라고 부족할 때 배운다고 한다. 아이들은 '엄마', '맘마'라는 말부터 배운다. 눈앞에 먹을 것이 있을 때는 말을 할 필요가 없다. 먹기만 하면 된다. 눈앞에 없기 때문에, 배가 고프고 목이 마르기 때문에 '엄마', '맘마'라는 말을 한다.

그런데 우리의 죄성은 편한 것만 찾는다. 잠시의 편안이 아닌 영원한 편안을 추구한다. 그 결과 스스로를 망가

뜨리고 있다. 이때 하나님이 개입하셔서서 '불편함'을 주신다. 이 불편함이 사람의 입장에서는 고난 같다.

시편은 다윗이 편안한 궁중에서 쓴 것이 아니다. 고난 속에 거친 광야를 떠돌 때 쓴 시다.

왕권이 강화되고 강력한 왕국이 되자 다윗은 죄의 유혹에 빠진다. 아람의 전쟁이 막바지에 이르러 승리를 목전에 둔 시점에서 전쟁터에 있어야 할 왕은 왕궁에 남아 있다.

저녁때에 다윗이 그의 침상에서 일어나
왕궁 옥상에서 거닐다가 그곳에서 보니
한 여인이 목욕을 하는데
심히 아름다워 보이는지라

삼하 11:2

부하들은 한창 전쟁 중인데 다윗은 저녁에 침상에서 일어나 옥상을 거닐었다. 낮에 실컷 잤다는 것이다. 그러다가 목욕하는 여인을 보게 된다. 충신 우리아의 아내 밧세바였다. 밧세바를 취하고 악한 방법으로 우리아를 죽이고, 다윗의 험난한 인생이 전개된다.

인생의 관리는 크게 세 가지다. 성공 관리, 실패 관리, 일상 관리가 그것이다. 이 중에 제일 힘든 것이 성공 관리다. 삼손은 주체 못 하는 힘 때문에 타락한다. 힘은 자기 자신의 위치를 벗어나게 만든다. 힘이 있으면 휘두르고 싶고, 힘이 있으면 누가 유혹하지 않아도 스스로 유혹의 자리로 들어간다.

불편할 때는 부지런해진다. 땀이 나고 윤기가 난다. 고난당해서 불편해지는 고난이 다 나쁜 것만은 아니다.

자기심리학의 대가 하인즈 코헛(Heinz Kohut)은 건강한 심리 구조를 이루려면 반드시 적절한 좌절(optimal frustration)을 경험해야만 한다고 말했다.

테이레시아스(그리스신화에 나오는 테베의 맹인 예언자)가 외견(外見)의 세계를 빼앗긴 장님이었기 때문에 도리어 깊은 진실을 보다 깊이 이해할 수 있었던 것처럼, 베토벤은 청각을 상실하였기 때문에 더 많은 소리를 들을 수 있었다.

아라비아 사람들은 황량한 사막 속에서 잔다. 그러나 〈아라비안나이트〉를 읽어보면 참으로 많은 꽃과 나무 이야기, 풍성하고 아름다운 녹지와 정원 이야기가 무수히 나온다. 아름다운 자연을 빼앗긴 땅이기에 도리어 그들은 어떤 자연도 가질 수 없는 신기한 화원을 그 모래 위에 만들어 낼 수가 있었다. 부족함과 없음과 불편의 고난이 만들어 낸 창조다.

꽃샘바람? 꽃세움 바람!

춘삼월 꽃샘추위 꽃샘바람이 분다. 고마운 녀석이다. 물을 머금어야 비로소 꽃을 피우는 법. 바람이 안 불면 겨울 동안 잠에 빠진 꽃나무는 늘어진 꽃 팔자가 되어 주야장천 잠만 잔다.

봄바람은 그런 나무를 잠에서 깨우며 이제 꽃을 피워야 한다는 것을 가르쳐준다. 가지를 흔들어 뿌리를 깨워서 물을 길어 올리게 한다. 바람이 불어야 나무는 아차차 놀라 꽃대를 올린다. 그래서 꽃 피는 것을 시샘하는 '꽃샘바람'이 아니라 '꽃세움 바람'이다.

그다음은 개구리 차례다.

봄나물이 자라고 봄꽃들도 피어나는데 개구리는 여전히 잠을 잔다. 꽃샘바람이 개구리 집 창으로 불어대며 일어나라고 웃음을 보내니, 까무룩 긴 잠을 잔 개구리가 화들짝 눈을 뜬다.

꽃샘바람의 큰 형님인 태풍도 유익이 있다. 바다에 태풍이 불면 바닷속의 산소량이 늘어나서 물고기와 식물들이 산소를 풍부하게 공급받는다. 바닷물을 정화시켜준다. 멸치, 고등어, 고래 등 바다 생물체들은 폭풍을 기다린다고 해도 과언이 아니다.

태풍은 육지에도 영향을 준다. 비를 내려 굳어있는 땅을 적셔주며, 바람이 매연을 쓸어가 공기를 상쾌하게 리셋해 준다. 센바람을 버티느라 나무들은 뿌리가 견고해진다. 이렇게 바람 불어 좋은 날이 있다.

《맹자》의 〈고자〉(告子) 하편에 이런 구절이 나온다.

生於憂患 死於安樂(생어우환 사어안락)
우환이 나를 살리고, 안락함이 나를 죽음으로 이끈다.

"힘들고 어려운 고난이 나를 살리는 계기가 될 것이고 편안하고 안락한 상황이 죽음으로 내몰 것이다"라는 역설적인 의미의 교훈이다.

천적이 없는 동물은 시간이 갈수록 허약해지지만, 천적이 있는 동물은 점점 강해지고 웬만한 공격은 스스로 이겨낸다. 천적이 있을 때 동물들은 윤기가 돈다.

프랑스에서 유명한 '삶은 개구리 요리'가 있다. 이 요리는 개구리를 산 채로 냄비에 넣고 조리하는 방법이다. 물이 너무 뜨거우면 개구리가 튀어나오기 때문에 개구리가 가장 좋아하는 섭씨 20도 내외의 온도의 물을 부어둔다고 한다. 그러면 개구리는 기분 좋은 듯이 가만히 엎드려 있다.

이때부터 약한 불로 물을 서서히 데우기 시작한다. 느린 속도로 서서히 가열하기 때문에 개구리는 자기가 삶아지고 있다는 사실도 모르고 45도쯤 되면 기분 좋게 잠을 자면서 죽어간다.

모든 생명체는 아무 고난이 없고 안락한 환경에만 처하면 무기력해져 자신이 죽어가고 있다는 사실도 모르고 죽음에 이르게 되는 경우가 많다.

그렇다. 무풍지대(無風地帶)가 최고의 축복이 아니다. 태풍이 없으면 바다가 썩는다. 늘 햇볕만 쏟아지면 땅은 사막이 된다. 시냇물도 돌부리가 있어야 부딪히면서 소리가 나고 노래를 부른다. 난(蘭)도 너무 따뜻한 곳에 놔두면 꽃이 피지 않고, 약간 추워야 그 고귀한 난꽃을 피운다. 무지개는 햇빛과 비가 어우러질 때 만들어진다.

앞서 1부에서 언급했듯 C. S. 루이스는 "고통은 귀먹은 세상을 불러 깨우는 하나님의 메가폰"이라고 하였다. 고난을 통해 비로소 겸손해지며 하나님의 음성을 듣는다는 것이다.

어느 시인의 표현대로, 흔들리지 않고 핀 꽃은 없다. 굽이치지 않고 흐르는 강물은 없듯이, 생명이 있는 모든 것은 흔들리면서 몸부림치며 자라난다. 성도들도 이 바람을 맞으며 잠을 깨고 비로소 주님의 율례들을 배운다. 꽃샘바람은 꽃을 깨운다. 개구리를 깨운다.

하나님은 고난을 통해 우리를 깨우신다.

고난당한 것이 내게 유익이라
이로 말미암아
내가 주의 율례들을 배우게 되었나이다

시 119:71

고난은 영원을 바라보게 한다

한 소년이 길에서 돈을 주웠다. 횡재다 싶어 그날 이후 땅만 보고 다녔다. 그는 평생 길에서 돈을 주웠다. 동전도 있었고 지폐도 있었다. 한데 잃은 게 너무 많았다.

하늘을 나는 종달새도 보지 못했고, 아름다운 노을을

보지 못했고, 무지개가 있다는 것도 알지 못했다. 진달래가 피는 봄도, 두둥실 떠가는 구름도 보지 못했다. 당연히 밤하늘의 달과 별들을 보지 못했다. 한마디로 '별 볼 일 없는' 인생을 산 것이다. 고개를 들지 않은 삶은 별이 아닌 그림자만 따라갔다. 나이가 들자 그는 등이 완전히 휘었다.

돼지는 머리 후두 부분을 젖히지 못하는 특수한 신체 구조를 가지고 있어서 15도 이상 고개를 들 수가 없다고 한다. 이런 돼지가 하늘을 볼 때가 있다. 넘어져서 뒤집어졌을 때다. 뒤집힌 돼지는 비로소 땅뿐만이 아니라 하늘이 있다는 것을 보게 된다. 돼지에게는 넘어지는 경험이 새로운 세계를 보는 축복의 순간이기도 하다.

우리 인생도 마찬가지다. 악한 마귀는 하늘을 보지 말고, 오직 땅만 바라보는 넝마 인생을 살라고 한다. 큰 고난을 만났을 때, 존재에 진동이 온다. 하나님은 고난을 통해 우리를 깨우신다. 땅만 기는 넝마 인생을 살지 말고 하늘을 바라보는 인생을 살라고 하신다.

깊은 고난의 때는 깊은 발견의 때다. 고난 전에는 볼 수 없었던 것을 본다. 그렇다면 무엇을 깊이 발견할까. 바로 하늘의 세계, 영원의 세계다.

영국의 경제학 교수 리처드 레이어드는 행복에 관한 명저 《행복의 함정》(Happiness)을 저술했다. 이 책의 부제는 "가질수록 행복은 왜 줄어드는가"다. 행복의 역설을 설명한 책이다.

평생 행복을 연구한 저자는 고대 그리스 철학, 심리학, 경제학, 뇌과학, 사회학에 이르기까지 다양한 분야를 아우르며 행복에 관해 연구했다. 그 결과, '레이어드 가설'로 불리는 이론을 설명한다.

그에 따르면, 국가별로 행복 지수가 정체되는 시점은 보통 1인당 국민소득이 2만 달러를 넘어선 때부터라고 한다. 그 이상의 수입은 행복과 큰 관련이 없다는 것이다. 다시 말해, 어느 수준만 되면 돈을 더 벌어도 행복이 그만큼 증가하지 않는다고 한다.

심리학 용어에 '적응'(adaptation)이라는 말이 있다. 신기한 것도 시간이 흘러 익숙해지면 적응이 되어 '일상'이 된다. 일상이 되면 신기함도 감사도 없어지고, 더 강한 자극이 와야 겨우 행복을 느낀다.

지식이 늘어날수록 자유가 늘어나는 것이 아니듯이, 돈이 늘어날수록 행복이 비례하여 느는 것은 아니다. 사람은 하나님을 만나야 진정한 행복을 느낀다.

게는 용왕 앞에서도 옆걸음을 친다. 옆걸음이 자신의 본질인 것을 어찌하겠는가. 새는 새장에서도 노래한다. 노래하는 것이 태어난 이유이기에 그러하다. 개미는 길을 막는다고 멈추지 않고, 달팽이는 등을 떠민다고 빨리 가지 않는다. 꽃은 그리움을 알아주는 이가 없다 해도 꽃망울을 터뜨린다. 사람들이 풀벌레 몇을 밟는다 해도 가을은 어김없이 온다.

마찬가지다. 사람은 아무리 많은 것을 소유하고, 성취하고, 성공해도 영원을 생각한다. 영원을 사모하게끔 창조되었기에 그러하다.

고난의 때 발견하는 큰 발견이 무엇인가?

세상의 것이 헛되다는 것이다. 그리고 영원한 하나님의 나라가 가장 소중하다는 것이다. 고난의 때는 '영원'을 바라보는 때요 본질을 생각하는 때다.

하나님이 모든 것을 지으시되
때를 따라 아름답게 하셨고
또 사람들에게는
영원을 사모하는 마음을 주셨느니라 …

전 3:11

인지심리학자 김경일은 그의 책 《어쩌면 우리가 거꾸로 해왔던 것들》에서 카지노에 없는 세 가지를 이야기한다. 창문, 거울, 시계다.

카지노 측으로서는 당연한 조치일 것이다. 창문을 열어 신선한 바람이 들어오면, 또는 거울을 통해 도박에 미친 자기 모습을 보게 되면 사람들은 "내가 뭐 하고 있는 거지?" 하면서 자신을 돌아볼 수 있기 때문이다. 또한 시계를 보면 "아참! 약속 시간이지!" 하면서 카지노를 나설 수도 있다.

악한 마귀는 이와 같이 우리가 세상에 파묻혀 주님의 비전을 잊고 살도록 유혹한다. 넝마 인생이 되어 땅만 바라보며 살게 유혹한다.

이때 고난은 창문과 거울과 시계의 역할을 하면서 우리를 일깨워 준다. 깨어나게 하고, 자신을 보게 하며, 시간이 얼마 남지 않았음을 보여줌으로 우리를 건져내는 계기가 될 수 있다. 고난은 영원을 보게 한다. 이처럼 귀한 깨달음이 어디 있는가.

지금 알고 있는 것을 그때도 알았더라면

한 친구에 대해 난 생각한다
어느 날 나는 그와 함께 식당으로 갔다
식당은 손님으로 만원이었다

주문한 음식이 늦어지자
친구는 여종업원을 불러 호통을 쳤다
무시를 당한 여종업원은
눈물을 글썽이며 서 있었다
그리고 잠시 후 우리가 주문한 음식이 나왔다

난 지금 그 친구의 무덤 앞에 서 있다
식당에서 함께 식사를 한 것이
불과 한 달 전이었는데
그는 이제 땅속에 누워 있다
그런데 그 10분 때문에 그토록 화를 내다니

17세기의 시인 막스 에르만(Max Ehrmann)의 〈한 친구에 대해 난 생각한다〉라는 시다. 설명이 필요 없는 시다. 불과

한 달 후에 무덤으로 갈 사람이 왜 그토록 화를 냈던가.

호스피스 전문의인 오츠 슈이치 박사는 1,000명이 넘는 말기 암 환자들의 이야기를 모아 《죽을 때 후회하는 스물다섯 가지》라는 책을 저술한다. 그는 말기 암 환자들의 가슴을 파는 살촉이 있는 것을 발견했는데 그것은 '후회'였다. 그 대표적인 후회가 이것이다.

"좀 더 참을걸!"

"그런 것에는 마음을 쓰지 말걸!"

다른 여러 호스피스들의 저술을 봐도 사람들이 후회하는 것이 이것이다. 왜 그때 그토록 화를 냈는지, 왜 그토록 여러 날을 하얗게 태우며 쓸데없이 마음을 썼는지…. 죽기 전에 깨달은 것을 그때도 알았더라면 그런 일을 하지 않았을 것이다.

"젊음은 젊은이에게 주기에는 너무 아깝다."

'젊음'에 관하여 버나드 쇼가 한 말이다. 인생의 실상과 허상을 다 맛본 지혜로운 노인에게 다시 젊음이 주어진다면, 알차게 젊은 날을 보낼 수 있을 것이다.

《토지》의 작가 고(故) 박경리 님의 유고시 〈산다는 것〉

에 이런 구절이 나온다.

> 잔잔해진 눈으로 뒤돌아보는
>
> 청춘은 너무나 짧고 아름다웠다
>
> 젊은 날에는 왜 그것이 보이지 않았을까 [19]

젊은 날에는 안 보인다. 그러기에 셰익스피어는 인생을 두고 "너무 이르면 알 수 없고, 알고 나면 너무 늦다"라고 말했다. 인생은 철이 덜 든 채로 사는 것이고 철이 들면 이제 죽는 것이라는 말도 있다. 일찍 보이면 얼마나 좋을까. 철이 일찍 들면 얼마나 좋을까. 허와 실을 일찍 깨달으면 얼마나 좋을까.

> 청년이여 네 어린 때를 즐거워하며
>
> 네 청년의 날들을 마음에 기뻐하여
>
> 마음에 원하는 길들과 네 눈이 보는 대로 행하라
>
> 그러나 하나님이 이 모든 일로 말미암아
>
> 너를 심판하실 줄 알라
>
> 전 11:9

---

19) 박경리, 〈버리고 갈 것만 남아서 참 홀가분하다〉, (마로니에북스, 2019), p.13.

이 말씀을 젊은 날부터 깨달은 사람은 실로 복이 있다.

고난을 통해서만 얻고 깨닫는 것들

1867년 제정러시아는 미국에 단돈 720만 달러를 받고 알래스카를 매각했다. 현재 알래스카의 금전적 가치는 적어도 수조 달러가 넘는다. 알래스카에 매장된 유전은 지구 매장량의 10분의 1을 차지하며, 풍부한 지하자원과 군사적 요지다. 당시 러시아 관리들이 지금 알고 있는 것을 그때도 알았더라면 이 복덩어리 땅을 팔지 않았을 것이다.

이런 일과 관련하여 아인슈타인은 흥미로운 말을 했다.

"사건이 발생할 당시의 사고로는 그 문제를 해결할 수 없다."

지금의 눈으로 보면 무엇이 좋은 선택이고 무엇이 나쁜 선택인지 보이지만, 그때 당시의 사고로서는 그것이 최상의 선택처럼 보인다는 것이다.

그렇다면 우리는 이런 생각을 할 수 있다.

'만일 우리가 우리 인생의 끝을 볼 수 있고, 그 끝을 본 사람의 관점을 가지고 있다면, 지금 최상의 선택을 할 수

있고, 더 의미 있는 삶을 살 수 있을 것이다!'

삶의 마지막에 가서 무엇을 가장 후회하며 무엇을 가장 자랑스럽게 여길지를 미리 알 수 있다면, 아니 더 나아가 죽은 후 어떠한 일이 일어난다는 것을 알고 산다면 지금의 삶은 분명히 달라질 것이다.

고(故) 이병철 삼성그룹 창업주는 병으로 죽기 전에 사제(司祭)에게 24가지 질문을 던졌다. 그 질문에 '돈이 무엇인지?', '성공이란 무엇인지?', '세계 경제란 무엇인지?' 이런 류의 질문은 없다. '하나님은 정말 계시는지', '천국과 지옥은 있는지' 등 모두 본질과 영원 그리고 존재에 대한 질문이다.

왜 대부분의 사람들은 죽기 전에만 이런 깊은 질문을 던지는가? 젊은 날에 전도서의 교훈을 깨달으면 얼마나 좋을까.

그러나 여기, 성도들에게 큰 축복이 있다. 성도들은 죽기 전이 아니라 고난을 통해 이런 본질적인 질문을 하게 된다. 하나님은 고난을 통해 우리 삶의 끝을, 본질을 볼 수 있게 하신다.

전도서에서 수없이 반복되는 "헛되고 헛되다"라는 고백을 고난을 통해서 배운다. 그토록 좋아하던 돈도, 그토록 열망하던 명예도, 불나방처럼 불 속에라도 뛰어들 듯한 욕망도 다 헛된 것이었다는 것을 고난을 통해서 배운다.

자, 여기서 중요한 사실이 있다. 하나님을 안 믿는 사람들은 인생이 헛되다는 것만 깨닫는다. 수많은 철학가, 시인 등 이른바 성공한 삶을 살았다는 수많은 사람이 인생이 바람 같고 안개 같다고 고백한다. 거기까지다. 하나님을 발견하는 문턱에서 멈춘다. 그러나 성도들은 헛된 것을 넘어 영원한 것을 깨닫는다. 하나님을 바라본다.

'망비보' 망하면 비로소 보이는 것들이 있다.
'넘비보' 넘어지면 비로소 보이는 것들이 있다.

돌을 던지면 곧 떨어지지만 새를 풀어 놓으면 날아간다. 생명이 있고 없고의 차이다. 그리스도의 생명이 있는 성도들은 망하고 넘어지면서, 무너지는 것이 아니라 하늘의 것을 보게 된다.

다시 말해보자. 성도들은 죽기 전에 이런 것들을 깨닫는 것이 아니라, 고난을 통해서 깨닫게 된다. 이것은 실로 큰 복이다.

고난은 정말 싫다. 목사인 나도 이런 기도를 수없이 드렸다.

"하나님, 고난 말고 이 귀한 진리들을 가슴 깊이 깨달을 방법은 없을까요?"

그러나 고난받지 않으면 드릴 수 없는 기도가 있다.

고난 속에서만 드리는 찬양이 있다.

고난 속에서만 체험하는 하나님의 옷자락이 있다.

하나님이 쓰시는 사람이 최고다

하나님이 쓰시는 사람이 가장 복되며 행복하다. '하나님이 마음껏 쓰시는 사람'을 가리켜 '순종하는 사람'이라고 한다. 그런데 사람은 지독하게 순종하기를 싫어한다. 자기 마음대로 살고 싶은 죄성 때문이다. 이때 하나님은 고난을 통해서 우리를 순종의 사람으로 이끄신다. 이것이 고난의 가장 큰 유익 중의 하나다.

어느 목공의 귀재(鬼才)가 나무로 새를 깎아 하늘에 날렸는데 사흘이 지나도 내려오지 않았다는 이야기가 있다. 그러나 농민에게는 수레바퀴를 잘 짜는 평범한 목수의 재주가 더 고맙다. 하루에 천리(千里)를 달릴 수 있는 야생마가 있다. 그러나 사람이 올라탈 수 없는 녀석이라면 그저 "참 잘 달린다" 하고 감탄할 뿐 아무것도 아니다.

흠잡을 데 없이 멋진 사람이 있다. 시와 예술에까지 능통하다. 그러나 하나님이 사용할 수 없는 사람이다. 조금 못난 사람이 있다. 그는 하나님이 마음껏 쓰실 수 있는 순종의 사람이다. 하나님은 당연히 못난 사람을 복의 통로로 사용하신다. 하나님은 그분이 쓰시는 사람이 '귀한 그릇'이라고 하셨다.

> 큰 집에는 금 그릇과 은그릇뿐 아니라
> 나무 그릇과 질그릇도 있어
> 귀하게 쓰는 것도 있고 천하게 쓰는 것도 있나니
> 그러므로 누구든지 이런 것에서 자기를 깨끗하게 하면
> 귀히 쓰는 그릇이 되어
> 거룩하고 주인의 쓰심에 합당하며
> 모든 선한 일에 준비함이 되리라
>
> 딤후 2:20,21

이른바 그릇의 교훈에서 우리가 흔히 오해하는 것이 있다. 금 그릇, 은그릇은 귀한 그릇이고, 나무 그릇, 질그릇은 천한 그릇이라고 생각하는 것이다. 이 구절의 의미는 그렇지 않다.

"자기를 깨끗하게 하면 귀히 쓰는 그릇이 되어!"

금 그릇, 은그릇이 귀한 그릇이 아니라 하나님이 쓰시는 그릇이 귀한 그릇이라는 것이다.

그렇다면 하나님이 쓰시는 귀한 그릇이 되려면 어떻게 해야 하는가?

"자기를 깨끗하게 하면!"

그릇을 깨끗하게 해야 주인이 마음대로 쓸 수 있다. 그릇을 깨끗하게 하는 것이 바로 '순종의 자세'다. 하나님의 나라에서는 금 그릇이냐 은그릇이냐 나무냐 질그릇이냐가 중요하지 않다. 주인이 쓸 수 있는 그릇, 주인이 쓰는 순종의 그릇이 명품 그릇이다.

주님은 이렇게 온전한 순종을 하는 사람을 찾으신다. 그리고 순종하는 사람을 통해 그분의 나라를 확장해 나가신다.

미국 대통령 전용 비행기 '에어포스 원'은 똑같은 모양의 비행기 여러 대와 함께 비행한다. 경호상의 이유 때문이다. 한 기자가 공항에 나란히 서 있는 여러 대의 비행기를 보고 물었다.

"어떤 게 진짜 에어포스 원입니까?"

관계자의 대답은 이렇다.

"대통령이 타고 있는 것이 에어포스 원입니다."

우스운 대답 같지만 정답이다. 대통령이 타고 있는 비행기가 에어포스 원이다. 아무리 똑같이 생겨도, 아니 더 멋있게 생겨도, 대통령이 타고 있지 않으면 그저 비행기다.

인생도 마찬가지다. 우주 만물을 지으신 하나님이 타고 계실 때, 즉 하나님이 쓰고 계실 때 그 인생은 에어포스 원 명품 인생이 된다. 하나님이 함께하시지 않는 인생은 그가 아무리 멋져도 안개 인생이다.

아라비아 말들이 세계 최고의 명마(名馬)다. 그 이유가 있다. 최고의 혈통을 만들었기에 그렇다. 아라비아 명마에 대한 이런 전설이 있다.

최고의 아라비아 조련사들이 100마리의 명마를 선택해 훈련한 후 우리에 가두고 며칠 동안 물을 주지 않았다. 며칠 후에 우리에서 풀어주고 물가로 갈 수 있도록 했는데 갈증이 난 말들이 시냇가로 달려갈 때 주인이 피리를 불어서 말들을 불렀다. 그때 그 소리를 듣고 돌이킨 말은 100마리 중 4마리였는데 이 4마리를 교배해서 명마의 족보를 만들었다고 한다.

그래서 아라비아 명마가 유명하다는 것이다. 중동 지역

에서 아주 비싼 말은 우리 돈으로 수십억 원도 넘는다고 한다. 자기 멋대로 행동하는 말은 겨우 고깃값밖에 안 나 가지만 자기의 욕망과 감정을 절제하도록 길이 잘 든 말은 수십억 원도 더 된다는 것이다.

명마는 잘 뛰는 것이 전부가 아니다. '주인이 쓰기에 합 당한가'가 중요하다. 즉, 순종하는 말이 명마인 것이다. 타 조는 말보다 더 잘 달리지만 탈 수가 없다. 타조는 제멋에 겨워 달릴 뿐이다.

하나님을 떠난 인간들은 자신이 주인이 되어 살아간다. 이것이 가장 큰 죄다. 그런데 성도들까지도 하나님이 쓰시 는 주의 종이 되기보다는 자신이 주인이 되어 살아가는 경 우가 많다. 심지어는 주님을 〈알라딘과 마술램프〉 이야기 에 나오는 거인 종처럼 자신의 욕망을 채워주는 존재로 여 긴다.

이런 가운데 깊은 고난을 당하면 하나님이 쓰시는 순종 의 사람으로 변해 가는 경우가 많다.

고난으로 순종을 배운다

그가 아들이시면서도
받으신 고난으로 순종함을 배워서

히 5:8

예수님에 관한 깊고 신비로운 구절이다. 유일하게 예수
님이 배우셨다는 구절이다. 하나님의 아들도 배우셨다고
한다. 이해할 수가 없다. 하나님의 아들이 배우셨다니. 고
난을 통해 순종을 배우셨다니. 도대체 순종이 뭐길래 얼마
나 소중하길래 하나님의 아들도 고난을 통해 배우시는가.

다시 강조해 보자. '순종하는 사람'을 다른 말로 하면
'하나님이 쓰시는 사람'이다. 그런데 순종은 참 힘들다. 우
리의 죽지 않은 강한 자아 때문이다.

가수 조영남 씨의 〈겸손은 힘들어〉라는 노래가 있다.
"돌아가신 울 아버지 울 어머니 / 날더러 겸손하라 겸손하
라 하셨지만 / 지금까지 안 되는 건 딱 한 가지 / 그건 겸
손이라네 / 겸손, 겸손은 힘들어"라는 이 노래의 가사를
신앙적 관점으로 패러디해보면 이렇게 될 것 같다.

하나님 아버지 / 날더러 순종하라 순종하라 하셨지만 /

지금까지 안 되는 건 딱 한 가지 / 그건 순종이라네 /

순종, 순종은 힘들어

한 가스펠송의 가사처럼 낮엔 해처럼 밤엔 달처럼 살고 싶다. 욕심도 없이 어둔 세상 비추어 온전히 남을 위해 살고 싶다. 그런데 안 된다. 깨지지 않는 자아 때문이다.

소금이 맛을 내려면 풀어져야 한다. 비누가 때를 씻으려면 녹아야 한다. 하나님의 말씀과 명령에 풀어지고 녹아지는 것을 순종이라고 한다. 풀어지지 않고, 녹지 않는 사람이 바로 자아가 강한 사람이다.

자아가 강했던 대표적 인물이 바로 야곱이다. 야곱은 형 에서가 배고픈 순간을 포착해 팥죽 한 그릇으로 장자의 명분을 빼앗았다. 아버지 이삭에게도 자신이 마치 에서인 양 속여 장자의 축복권을 가로챘다.

에서가 야곱을 죽여버리겠다고 길길이 뛰었다. 야곱은 도망자가 되었고 파란만장한 세월이 펼쳐진다. 야곱은 훗날 애굽의 바로 앞에서 "험악한 세월을 보냈나이다"라고 한다.

야곱이 바로에게 아뢰되

내 나그네 길의 세월이 백삼십 년이니이다

내 나이가 얼마 못 되니

우리 조상의 나그네 길의 연조에 미치지 못하나

험악한 세월을 보내었나이다 하고

창 47:9

자아가 죽지 않았던 야곱의 전반전은 그야말로 험악한 세월이었다. 그러나 하나님은 야곱을 끝까지 포기하지 않고 사랑의 추적을 하셨다. 딱딱한 땅과 같은 야곱을 여러 고난을 통하여 쟁기질해서 부드럽게 하셨다. 물을 받아들이고 씨가 자랄 수 있도록 하셨다.

야곱이 말년에 경험한 하나의 사건이 있다. 야곱의 아들들이 애굽에 양식을 구하러 갔을 때 애굽의 총리가 되어 있던 요셉이 시므온을 볼모로 잡아두고 동생 베냐민을 데려올 것을 명한다. 그 소식이 야곱에게 전해졌을 때, 아마 젊은 날의 야곱 같으면 죽어도 베냐민은 안 된다며, 무슨 꾀를 쓰더라도 시므온을 찾아오라고 할 것이다.

베냐민은 야곱이 사랑했던 라헬에게서 낳은 두 아들 요셉과 베냐민 중 막내다. 지금 야곱은 요셉이 죽은 줄로 안다. 이런 상황에서 베냐민까지 내놓으라고? 옛날의 야곱 같으면 너 죽고 나 죽자 하는 식으로 베냐민을 끌어안았을 것이다. 그런데 이렇게 고백한다.

전능하신 하나님께서
그 사람 앞에서 너희에게 은혜를 베푸사
그 사람으로 너희 다른 형제와 베냐민을
돌려보내게 하시기를 원하노라
내가 자식을 잃게 되면 잃으리로다

창 43:14

"자식을 잃게 되면 잃으리로다."

베냐민을 데려가라는 것이다. 포기가 아니다. 내려놓음이다. 그것이 하나님의 뜻이라면 받아들인다는 순종이다. 야곱이 진짜 변한 것이다.

야곱은 여기서 하나님을 "전능하신 하나님"(엘 샤다이)이라고 부른다. 자신의 자아가 가득할 때는 하나님이 작게 보인다. 자신의 자아가 죽으면 하나님이 크게 보인다. 불순종할 때는 하나님이 작게 보이고 순종할 때는 하나님이 크게 보인다.

산에는 조약돌이 없다. 부딪치며 구르지 않았기 때문이다. 개울가에 모여 있는 조약돌은 구르며 부딪치고 깨져갔기에 둥글둥글 예쁘다. 조약돌이 모여 있는 곳엔 물이 맑고 잘 흐른다. 순종하는 사람들이 모이면 이와 같다.

고난으로 내게 되는 성숙하고 깊은 향기

자, '천재' 이야기를 잠시 해보자.

모든 분야에 천재가 있다. 이들은 넘사벽('넘을 수 없는 사차원의 벽'의 줄임말. 비교조차 할 수 없을 만큼 우월한 대상을 가리킨다)이다. 그런데 천재 목사, 천재 장로, 천재 권사, 천재 집사라는 말은 없다. 신앙의 세계에 천재라는 말이 허용되지 않는 것이 얼마나 좋은지 모른다.

그런데 만약 천재 목사가 있다면 어떤 목사일까? 자아가 다 죽고 죽어 하나님만 보이는 순종의 목사다. 목사도 순종하기가 어렵다.

입으로는 누구보다도 많이 하나님 이야기를 하지만, 하나님을 깊이 만날 때는 고난의 때다. 깊은 고난을 만나면 목사도 어린아이같이 울면서 하나님께 부르짖는다. 명태가 수많은 눈바람을 맞고 얼었다 녹았다를 반복하며 명품 황

태가 되어가듯 목사도 고난 속에서 순종의 종이 되어간다.

스트라디바리우스는 3세기 전 안토니오 스트라디바리 (Antonio Stradivari)가 만든 바이올린, 비올라, 첼로를 말한다. 줄여서 '스트라드'라고도 하는데, 인간 내면의 풍부한 감정 표현을 담아내고 희로애락의 다양한 음색을 지닌 명품 중의 명품으로 전설적인 악기다.

스트라디바리우스의 제작 비법은 아직도 밝혀지지 않고 있다. 가장 설득력 있는 설명은 스트라디바리의 뛰어난 장인 정신과 빙하기를 견뎌낸 나무에 있다는 것이다.

미국 컬럼비아대학교의 기후학자인 로이드 버클 박사에 따르면 1645년에서 1715년까지 70여 년간 유럽에서 소빙하기(Little Ice Age)가 지속되었다고 한다.

이 혹독한 추위 속에서 알프스산맥의 가문비나무는 생존하기 위해 극도로 성장을 멈추었다고 한다. 그 결과 나이테가 매우 촘촘하고 목재의 밀도가 매우 균일하게 되었고, 스트라디바리는 이러한 목재를 이용해 바이올린을 만들었다는 것이다.

빠르게 성장한 나무는 나이테 간격이 넓으며, 외부적 충격이나 압박에 견디지 못하고 쉽게 부러질 수 있다. 시련과

역경을 견뎌내며 느리게 자란 나무는 웬만한 충격과 압력에도 쉽게 부러지지 않는 내성을 갖고 있다. 이런 나무로 만든 악기가 명기가 되는 것이다.

명검이 되려면 수없이 불에 들어가고, 수없이 두들김을 당하고, 수없이 뜨거운 불과 차가운 물에 들어갔다 나오기를 반복하는 연단 과정을 거쳐야 한다. 매화는 추운 고통을 겪은 다음에 그 맑은 향을 풍긴다.

성도들의 고난이 이러하다. 고난과 연단을 견딘 성도의 삶에는 말할 수 없이 깊은 영성이 있다. 수많은 연단의 과정을 거치며 자아가 죽고 강해지며, 스트라디바리우스와 같은 맑고 깊은 하나님의 공명을 낸다. 하나님이 우리를 훈련하시며 연단의 과정을 주시는 이유다.

"한 송이 국화꽃을 피우기 위해 봄부터 소쩍새는 그리 울었나 보다"라고 하지 않았던가. 꽃 한 송이가 피어나는 데에도 세 계절의 긴 기다림과 고난의 극복이 필요하다. 국화꽃보다 더 아름다운 사람이 생명의 꽃을 피우기 위해서는 어떠하겠는가.

하우스 배추보다 월동 배추가 맛이 있다. 경사지에서 굴러떨어지지 않으려고 힘을 쓰며 버틴 수박이 더 맛있다. 고난을 겪은 단풍일수록 더 아름답고, 남들의 시선에 뜨이지 않는 꽃의 향기가 오래도록 멀리 퍼진다.

고난의 눈물 속에 하나님도 보이고 이웃도 보인다. 큰 고난일수록 큰 겸손과 큰 진리를 배운다. 너무나 싫은⑺ 진리가 여기 있다.

사람은 무엇으로 크는가? 무엇으로 성숙하는가?

고난으로!

고난이 꽃이 되고 별이 되게 하소서

초판 1쇄 발행　2025년 5월 21일
초판 2쇄 발행　2025년 5월 26일

지은이　한재욱

펴낸이　여진구
책임편집　최현수 구주은
편집　이영주 박소영 안수경 김도연 김아진 정아혜
책임디자인　마영애 남은진 | 노지현 조은혜 정은혜
홍보 · 외서　진효지
마케팅　김상순 강성민　　　　　　　　마케팅지원　최영배 정나영
제작　조영석 허병용　　　　　　　　경영지원　김혜경 김경희

303비전성경암송학교 유니게 과정
이슬비전도학교 / 303비전성경암송학교 / 303비전꿈나무장학회

펴낸곳　규장

주소　06770 서울시 서초구 매헌로 16길 20(양재2동) 규장선교센터
전화　02)578-0003　　팩스　02)578-7332
이메일　kyujang0691@gmail.com　　　홈페이지　www.kyujang.com
페이스북　facebook.com/kyujangbook　　　인스타그램　instagram.com/kyujang_com
카카오스토리　story.kakao.com/kyujangbook
등록번호　1922-2461
since 1978.08.14

책값　뒤표지에 있습니다.
ISBN 979-11-6504-621-7　03230

규 | 장 | 수 | 칙

1. 기도로 기획하고 기도로 제작한다.
2. 오직 그리스도의 성품을 사모하는 독자가 원하고 필요로 하는 책만을 출판한다.
3. 한 활자 한 문장에 온 정성을 쏟는다.
4. 성실과 정확을 생명으로 삼고 일한다.
5. 긍정적이며 적극적인 신앙과 신행일치에의 안내자의 사명을 다한다.
6. 충고와 조언을 항상 감사로 경청한다.
7. 지상목표는 문서선교에 있다.